……… 나만의 프랑스어 가이드북 ………

개정판

현지에서 바로 통하는

여행 프랑스어 회화

JPLUS

세계화, 국제화 시대에 이제 프랑스나 다른 외국으로 여행을 가는 발걸음은 그다지 생소하지 않게 되었습니다. 순수한 여행이나 워킹홀리데이, 또는 직장인의 출장까지 빈번한 교류는 물론이고, 최근에는 초등학교나 중학교에서도 단체여행을 하는 경우도 늘고 있습니다. 이 책은 프랑스어를 전혀 모르는 사람이라도 안심하고 떠날 수 있도록 기본인사와 상황별 회화표현, 그리고 적절한 현지 정보와 주의할 점 등을 넣은 여행 회화책입니다. 특히 MP3 음원에는 한국어와 네이티브의 발음을 같이 들을 수 있게 하여 책 없이 음원만 들어도 충분히 회화훈련을 할 수 있게 하였습니다. 여행 시 가이드가 같이 있다면 따로 프랑스어를 할 기회가 별로 없겠지만, 혼자서 물건을 살 때나 길을 물을 때, 호텔에서 혹은 자유시간에 거리에 나갔을 때, 전시회장이나 거래처에 들렀을 때와 같이 혼자서 해결해야 할 때, 꼭 필요한 표현을 넣으려고 애썼습니다. 해외에 나가면 외국어가 자신이 없어서, 아무 말도 못 하고 본의 아니게 무뚝뚝한 사람이 되어 버리는 경우가 많습니다. 부디 이 책이 필요한 상황에서 도움이 될 수 있었으면 하고, 더불어 이 책이 프랑스어를 익히는 계기가 되었으면 하는 기대도 해 봅니다.

목차 contents

01 서바이벌

Bonjour !

02 기내에서

03 공항에서

04 이동하기

05 호텔에서

06 식사하기

07 쇼핑하기

08 은행우편

09 관광하기

10 즐기기

목차 contents

11 친구 사귀기

12 업무 출장

13 트러블

14 귀국

01

서바이벌

출발하기 전에 꼭 알아야 할 정보와
여행을 즐겁게 하는 말 한마디

1. 이 정도는 알고 가야죠?

1. 알고 떠나자

프랑스는 독일과 더불어 서유럽의 대표적인 나라 중 하나이다. 유서 깊은 문화 대국이자 많은 문화재가 있는 프랑스는 매년 외국인 관광객 수 순위에서 상위권을 유지하고 있다.

프랑스를 비롯해 유럽연합 지역을 여행할 때는 주로 기차, 버스 비행기를 이용하며, 자동차를 이용하여 여행하는 방법도 있다. 프랑스 한 국가만 여행할 계획이 아니라면 유레일패스(Eurail Pass)를 이용해 유럽의 여러 나라를 여행하는 것도 좋은 방법이다.

2. 여행

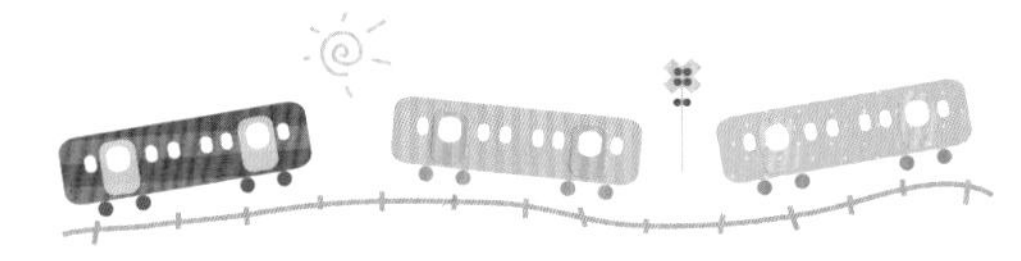

❶ 기차여행 – 프랑스 국영 철도청인 SNCF (Société Nationale des Chemins de fer Français)의 웹사이트에 가면 프랑스에서 운행되는 열차들의 기차티켓을 예약할 수 있다. 프랑스 주요 도시들뿐 아니라 국제노선 열차를 이용해 영국, 이탈리아, 독일, 스위스, 스페인 등 인근 국가도 갈 수 있다. 파리 내에는 여러 개의 기차역이 있어서 가는 지역(방향)에 따라 Gare du Nord (북역), Gare de Lyon(파리 동쪽-리옹역), Gare de l'Est(동쪽– 동역), Gare d'Austerlitz(오스테를리츠역) 등이 있어 출발하는 기차역이 어디인지 잘 확인해야 한다.

* TGV (고속열차) 이용에 유용한 사이트 :

SNCF : https://en.oui.sncf/en/train-ticket
유레일 : https://www.raileurope.co.kr/

SNCF는 청소년 또는 학생 (만 27세 이하) 할인 혜택이 있으니 이에 해당할 경우 잘 선택해서 예약하면 된다.

Eurail (Rail Europe) 사이트에서 특별 프로모션으로 저렴한 가격으로 나오는 티켓들이 있으니 잘 찾아서 이용하자. 자신의 여행 일정에 따라 맞는 패스(글로벌 패스, 셀렉트 패스 등)를 선택하고 구간과 좌석을 예약하고 여행 중 패스로 이동하는 첫날 출발 전에 해당하는 도시 기차역에서 창구에서 역무원에게 스탬프를 받아 개시하여 이용하면 된다.

❷ 고속버스 여행 – 예약해야 하는 기차와 달리 버스는 출발 직전에 예매해도 가격이 크게 차이가 나지는 않는다. 전반적으로도 기차보다 가격이 훨씬 저렴하다. 프랑스 내뿐만 아니라 유럽 전역은 대도시를 이어준다. 요새는 버스가 좋아져서 편안한 좌석, 무선인터넷, 전기 코드도 마련되어 있다. Ouibus, Isilines 또는 Flixbus 등 웹사이트로 들어가서 영어로 안내하는 페이지에서 예매를 진행하면 된다. 또한 Comparabus에서 가격 비교도 할 수 있다. 가격은 날짜마다 다르며 시간대별로 선택할 수 있다.

https://www.ouibus.com
https://www.isilines.com
https://www.flixbus.fr
https://www.comparabus.com/fr/

❸ 저가 항공 – 에어 프랑스의 자회사로 저가 항공사 Transavia 와 Hop을 이용하면 저렴한 가격(25유로부터)으로 유럽의 도시를 비행기를 타고 갈 수 있다. 저가 항공의 경우 샤를 드골 공항보다 파리의 남쪽에 위치한 오를리(Orly) 공항에서 출발하는 경우가 많으니 공항 위치를 잘 확인하고 가야 한다.

3. 파리 관광

》센강 유람선 및 크루즈 Bateaux Parisiens 바또 빠리지앙

가이드 크루즈 투어 : 에펠탑 또는 노트르담 성당 앞에서 출발

성인 : 15유로, 3~12세 어린이 : 7유로, 3세 이하 : 무료

스케줄 4월~9월 : 오전 10:15 ~ 오후 10:30, 30분마다 운항.
오후 1시 30분, 7시 30분에는 운항 없음.
10월~3월 : 오전 11시 ~ 오후 8시 30, 약 1시간마다 운항.

* 런치 크루즈 : 59유로~79유로. 12세 이하 어린이 메뉴 34유로.
자정부터 탑승하여 12시 45분 출발, 오후 2시 45분 도착.

* 디너 크루즈 : 69유로에서 169유로. 12세 이하 어린이 메뉴 34유로.
저녁 7시~8시 15분 사이 탑승하여 8시 30분 출발, 밤 11시 도착.
예약하면 채식주의 메뉴 주문 가능.

》마법의 크루즈 (Enchanted cruises)

2~8세 어린이를 위한 크루즈 여행. 가격 : 15유로 (어린이 및 어른)

모든 배는 에펠탑 아래 강변 Port de la Bourdonnais에서 출발 15분 전에 탑승한다. 레스토랑 및 스페셜 밸런타인데이, 7월 14일(바스티유 혁명 기념일), 크리스마스 및 신년 특별 예약은 0 825 01 01 01 (0.15€/min)로 전화 예약할 수 있다. (현지 사정에 따라 달라질 수 있음)

》Bateaux-Mouches 바또 뮤슈

성인 : 14유로, 12세 이하 : 6유로, 4세 이하 : 무료

스케줄 4월 1일부터 9월 30일 : 오전 10:15~오후 7시 사이 45분마다 운항.
7시~11시 : 20분마다 운항.
10월 1일부터 3월 31일 : 오전 11시부터 오후 9시까지 운항. 주말에는 10시 15분부터.

* 런치 크루즈 : 매주 토, 일 및 공휴일, 오후 1시 운항.
가격은 성인 60유로, 12세 이하 29유로.

* 디너 크루즈 : 매일 저녁 8시 반. 가격은 99유로부터 155유로까지.
아이폰 앱으로 오디오 가이드를 들을 수 있음. 한국어도 서비스된다.

8구 뽀흐 드 라 꽁페헝스(Port de la Conférence - Pont de l'Alma, Rive droite)에서 출발.

》Les Vedettes de Paris 레 브뎃뜨 드 빠히

성인 : 15유로, 어린이 : 7유로. 에펠탑-앵발리드-7구 매일 운항. 오전 10시 반부터 11시 30분 (계절별 상이) 공휴일에는 특별 활동도 있다.
프랑스어, 영어, 스페인어로 가이드가 준비되어 있으며 한국어 외 8개 언어로 된 팸플릿이 준비되어 있다고 한다.

2. 여행준비

프랑스로 여행 갈 준비는 다 됐나요?

☑ 해외여행 필수품

- □ 여권 · 비자
- □ 약간의 현금(현지 화폐)
- □ 국제 학생증(학생의 경우)
- □ 숙소 바우처(호텔 예약 확인서)
- □ 필기도구
- □ 가이드북 · 지도 · 회화집
- □ 항공권
- □ 신용 카드
- □ 휴대폰 충전기

한국 여권 소지자는 여행자 비자로 프랑스에 최대 90일간 머무를 수 있다. 여행자로 단기 체류 비자를 받으면 유럽 26개국 솅겐 조약 가입국 전체를 여행할 수 있다.

의약품, 식품 등 일부 물품은 제한 대상이며 1만 유로 이상의 돈 (지폐, 동전, 여행자수표 등)은 신고해야 한다.

* 전기 프랑스 표준 : 230V, 주파수 50Hz

☑ 안 가져갔다가 후회하는 물건들

- □ 면도기 · 치약 · 칫솔 · 손톱깎이 · 귀이개
- □ 알람시계 · 비닐봉지 · 자외선 차단 크림
- □ 셔츠 · 바지 · 속옷 · 양말
- □ 편한 신발 · 작은 손가방 · 우산
- □ 티슈 · 물티슈 · 손수건 · 반짇고리 · 상비약

* 여행 시 주의사항

유럽에서 여행할 때는 절대 현금 전액과 귀중품, 보석, 항공권 및 여권을 가지고 다니지 말자. 여행객들은 일반적으로 소매치기들의 목표 대상이 되므로 조심해야 하며 대중교통(지하철, 버스 등)을 이용할 때와 붐비는 관광명소에서는 특히 더욱 주의해야 한다. 에펠탑, 샹젤리제, 루브르 박물관 및 '특정한' 바 또는 술집에서 행동의 의심스러운 무리 또는 경찰이라고 사칭하며 접근한다면 경찰 신분증을 요구하라. 표 등을 구매할 때도 반드시 공식 매표소에서 구매하자.

신용 카드 관련 정보를 비롯하여 중요한 정보 및 서류들은 숙박 시설에서 제공하는 금고를 사용하여 안전하게 보관하는 것이 좋다.
관광 안내소에 비치된 안내 책자 «파리 가이드 안전하게 여행하기» 또는 parisinfo.com에서 피해 예방을 위한 정보와 유용한 전화번호를 확인할 수 있다.

Tip 안내소 위치

사정에 따라 시간 변경 가능.

• Hôtel de Ville

29 rue de Rivoli(4구) – 지하철 : Hôtel de Ville역

5월 2일~10월 31일 : 매일 09시~18시 45분, 11월 1일~4월 30일 : 매일 10시~18시 45분. 5월 1일 휴무.

• 파리 북역(Gare du Nord)

18 rue de Dunkerque(10구) – 지하철 및 RER B와 D선 : Gare du Nord역

매일 08시 30분~18시 30분, 1월 1일 / 5월 1일 / 12월 25일 휴무.

(출처 : parisinfo.com)

3. 프랑스는 어떤 나라?

1. 프랑스의 인구분포와 면적

프랑스의 인구는 약 6,523만 명으로 세계 22위이며 면적은 643,801km²이다. 동쪽으로는 독일과 스위스, 이탈리아와 국경을 접하고 있으며 남쪽에는 스페인이 있다. 정식 국가명은 프랑스 공화국(La République de France)이며 서유럽의 본토 외에 남아메리카 프랑스령 기아나 등 여러 대륙에 해외 '레지옹'(해외 영토)으로 이루어졌다. 수도는 파리이며, 프랑스 본토의 지형적 모양에 따라 프랑스인들은 'Hexagone(육각형)' 이라고 지칭한다.
프랑스는 유럽 연합의 창설부터 독일과 함께 중추적인 역할을 해왔다.

2. 프랑스의 시간대

프랑스의 시간대는 GMT+1시간이며 보통 한국과 8시간 차이가 난다. 섬머타임 시행 시에는 7시간 차이가 난다.

3. 프랑스의 기후

프랑스는 양성, 대륙성, 지중해성으로 나누어지는 유럽 기후를 모두 보인다. 북부, 중부 그리고 남부 지방으로 기후가 나뉜다. 파리는 중부에 속하며 서안 해양성 기후의 특징을 띈다. 유럽으로 여행을 갈 때는 날씨에 따라 여러 겹으로 입고 벗을 수 있도록 옷을 챙겨가는 것이 좋다.

4. 프랑스의 음식

세계적인 미식의 나라 프랑스는 르 꼬르동 블루와 같은 유명 요리학교와 미슐랭 가이드와 같이 음식과 관련하여 역사가 깊다. 또한, 요리는 프랑스 문화의 아주 중요한 부분을 차지한다. 와인, 치즈 그리고 빵이 유명하며 라따뚜이와 같은 가정식도 기회가 되면 먹어보는 것을 추천한다.

❶ 프랑스어 알파벳 ("알파베") 읽는 법

프랑스어는 우리가 일반적으로 알고 있는 로마자 알파벳을 사용하며, 몇몇 글자는 소리가 약간씩 다르다. 그리고 악썽(accent : é, à, ï 등)과 같은 요소가 추가되어 더욱 다양한 발음이 있다.

A	아	"아" 발음	
B	베	"ㅂ" 발음	
C	쎄	"ㅆ" 발음	A, O, U 앞에 오는 경우 "K"(ㄲ)로 발음. 단, ç(C 아래에 cédille 표시)의 경우에는 "ㅆ"("S")로 발음
D	데	"ㄷ" 발음	
E	으	"오"의 입모양에 속에는 "에"를 발음	E 다음에 자음이 오는 경우에는 "에"로 발음
F	에프	영어의 F와 흡사한 발음	윗니와 아랫입술이 닿으면서 나는 소리
G	졔	한국어 "졔"와 "셰" 사이의 발음 또는 "쥬에"를 아주 빨리 발음	G 뒤에 A, O, U가 오는 경우 (gu) "ㄱ" 발음 예 gui → 기 단, G 뒤에 E가 올 때는 "ㅈ"("J") 발음
H	아슈	프랑스어에서 H는 보통 묵음으로 발음	예 Haricot → "아히꼬"로 발음
I	이	"이" 발음	
J	쥐	"ㅈ"와 "슈" 사이의 발음	
K	꺄	"ㄲ" 발음	
L	엘	"(을)ㄹ" 발음	

M	엠	"ㅁ" 발음	
N	엔	"ㄴ" 발음	
O	오	"오" 발음	
P	뻬	"ㅃ" 발음	R 앞에 올 경우 "ㅍ" 발음
Q	뀨	"ㄲ" 발음	주로 바로 뒤에 U가 와서 붙는다 예 quartier
R	에흐	"ㅎ"와 "ㄱ" 사이의 발음	남부지방 또는 다른 지방 사투리로는 한국어의 "ㄹ" (에르)로 발음하는 경우가 있으나 표준 발음은 가래 뱉을 때의 소리와 흡사하게 "ㄱ" 소리를 "ㅎ"와 동시에 발음하면 나는 소리이다.
S	에쓰	"ㅆ" 발음	영어의 S와 같은 발음
T	떼		
U	위	"우"의 입모양에 안에서는 "이"소리를 내는 발음	
V	(ㅂ)ㅔ	영어의 V와 같은 발음	윗니와 아랫입술이 닿으면서 나는 소리
W	두블르 (ㅂ)ㅔ		
X	익쓰		
Y	이그헥		"I grec"으로 "그리스식 i"라는 뜻
Z	제드	영어의 Z와 같은 발음	

❷ 프랑스어 발음하는 법

(1) 프랑스어에서는 단어 맨 끝에 오는 자음은 발음하지 않는다.

예외 lac 라끄 (호수) négatif 네갸띠프 (부정적인)
sol 쏠 (바닥) fer 페흐 (쇠)

(2) 프랑스어에서 복수를 만들 때 영어와 마찬가지로 s를 붙인다. 하지만 이 s는 절대로 발음하지 않는다.

(3) 복합모음자 발음 : 여러 모음을 모아 한 모음으로 발음하는 것

é	에	au	오
è	애	eau	오
ê	에	ou	우
ai	애	eu	e와 같은 발음 ("우" 입모양에 속에서 "에" 발음)
ei	에	oeu	e와 같은 발음 ("우" 입모양에 속에서 "에" 발음)
oi	와(또는 "우아"를 빠르게 발음)		

(4) 비음 발음 : 모음이 n 또는 m과 합쳐지면 비음(한국어의 "ㅇ" 받침소리)으로 발음한다.

an = am	엉
en = em	엉
on = om	옹
in = im = ain = aim	앙
yn = ym = ein = un	앙
un = um	앙

ien	이양
oin	우앙 또는 왕

(5) y 발음 하는 법 : "i"가 두 개 있는 것처럼 발음

예 crayon - 크레이-이용 = 크레이용

(6) 그밖에 주의해야 하는 발음

ille : "l" 이 아닌 "y"와 같은 소리

aille	아이으
eille = eil	에이으
euille	워이으
oeil	어이으

ph	f와 같은 발음
ch	슈
tion	씨옹(띠옹이 아님)
gn	니으

4. 인사

🎧 MP3 01-4

안녕하세요? (아침 인사)

Bonjour.
봉주흐

안녕하세요? (낮 인사)

Bon après-midi.
보나프헤미디

안녕하세요? (밤 인사)

Bonsoir.
봉쑤아흐

안녕히 주무세요. (잠자기 전에)

Bonne nuit.
본 뉘

안녕! (친한 사이 인사)

Salut !
쌀뤼!

잘 지내십니까?

Comment allez-vous ?
꼬멍 딸레 부?

잘 지내셨습니까?

Comment ça va ?
꼬멍 싸 바?

처음 뵙겠습니다.

Enchanté(e).
엉샹떼

만나서 반갑습니다.

Ravi de vous rencontrer.
하비 드 부 헝꽁트헤

저야말로.

Moi aussi.
무아 오씨

그럼, 또 만나요.

À la prochaine.
알라 프호셴

안녕히 가세요.

Au revoir.
오흐부아흐

좋은 하루 되세요. (헤어질 때)

Bonne journée.
본 주흐네

신세 많이 졌습니다.

Merci de votre aide.
메흐시 드 보트흐 에드

5. 사람을 부를 때

MP3 01-5

실례합니다. (사람을 부를 때)

Excusez-moi.
엑스뀌제-무아

누구 계세요? (가게 들어가면서)

Est-ce qu'il y a quelqu'un ?
에쓰낄리야 껠깡?

누구 계세요? (집을 찾아갔을 때 현관에서)

Est-ce qu'il y a quelqu'un ?
에쓰낄리야 껠깡?

실례합니다만….

Excusez-moi, monsieur / madame.
엑스뀨제 뫄 므씌유 / 마담

잠깐 좀 여쭤 보겠는데요.

S'il vous plaît ?
씰부쁠레?

잠깐만요.

Un moment, s'il vous plaît.
앙 모멍, 씰 부 쁠레

잠깐 괜찮으세요? (말을 걸 때)

Est-ce que vous auriez une minute, s'il vous plaît ?
에스끄 부 조히에 윈 미뉘뜨, 씰 부 쁠레?

MP3 01-6

6. 감사, 사과

미안해요.

Pardon.
빠흐동

죄송합니다.

Pardonnez-moi.
빠흐도네 무아

죄송해요. (발을 밟았을 때)

Je suis désolé(e).
주 쉬 데졸레

앗, 실례. (말하다가 갑자기 재채기를 할 때)

Oups, excusez-moi.
읍스, 엑쓰뀌제 무아

괜찮아요.

Ça va.
싸 바

감사합니다.

Merci beaucoup.
메흐시 보꾸

천만에요.

De rien.
드 히앙

7. 상점에서

MP3 01-7

어서 오십시오.

Bienvenue dans notre magasin.
비앙브뉘 덩 노트흐 마가장

이건 뭐예요?

Qu'est-ce que c'est ?
께스끄 쎄?

얼마예요?

Combien ça coûte ?
꽁비앙 싸 꾸뜨?

할인 됩니까?

Vous me faites une réduction ?
부 므 페뜨 윈 헤뒥씨옹?

더 싸게는 안 되나요?

C'est toujours trop cher.
쎄 뚜주흐 트호 셰흐

그것 좀 보여 주세요.

Est-ce que je peux le voir, s'il vous plaît ?
에쓰끄 주 뿨 르 부아흐, 씰 부 쁠레?

이거 주세요.

Je prends celui-ci.
주 프헝 쓰뤼씨

8. 길을 물어볼 때

여기가 어디예요? (길을 잃었을 때)

Où sommes-nous ?
우 쏨 누?

여기가 파리 북역인가요?

Est-ce qu'ici c'est la Gare du Nord ?
에쓰끼씨 쎄 라 가흐 뒤 노흐?

그곳은 어디에 있어요?

Où est-ce que c'est ?
우 에쓰끄 쎄?

역은 어떻게 가면 되죠?

Comment puis-je aller à la gare ?
꼬멍 쀠주 알레 알라 가흐?

그곳에 가는 길을 좀 가르쳐 주세요.

Pouvez-vous m'expliquer comment y aller ?
뿌베부 멕스쁠리께 꼬멍 이 알레?

죄송하지만, 약도를 좀 그려 주시겠어요?

Pouvez-vous me dessiner la direction ?
뿌베 므 데씨네 라 디헥씨옹?

저도 잘 모릅니다.

Je ne sais pas non plus.
주 느 쎄 빠 농쁠뤼

9. 그밖의 질문

MP3 01-9

누구세요? (누군가 방문했을 때)

Qui est là ?

끼 엘라?

몇 개요?

Combien ?

꽁비앙?

몇 살이에요? (실례가 될 수 있으므로 사용에 주의)

Quel âge avez-vous ?

껠 아주 아베 부?

어느 쪽이죠?

Quelle direction ?

껠 디헥씨옹?

그곳은 어디에 있습니까?

Où est cet endroit ?

우 에 쎄뜨 엉드후아?

어디서 오셨어요?

Vous venez d'où ?

부 브네 두?

이름이 어떻게 되세요?

Quel est votre nom ?

껠레 보트흐 농?

언제요?

Quand ?
껑?

왜요?

Pourquoi ?
뿌흐꾸아?

지금 몇 시예요?

Quelle heure est-il ?
껠 어흐 에 띨?

가능합니까?

Est-ce possible ?
에쓰 뽀씨블르?

괜찮습니까?

Vous allez bien ?
부 잘레 비앙?

상관 없나요?

Est-ce que ça vous va ?
에쓰끄 싸 부 바?

한국말 아세요?

Parlez-vous coréen ?
빠흘레 부 꼬헤앙?

10. 승낙과 거절

MP3 01-10

부탁드릴 것이 있습니다.

Est-ce que je peux vous demander quelque chose ?
에스끄 주 뿨 부 드멍데 껠끄쇼즈?

좀 물어봐도 될까요?

Est-ce que je peux vous poser une question ?
에스끄 주 뿨 부 뽀제 윈 께스띠옹?

괜찮습니다.

Oui, ça va.
위, 싸바

좋아요.

Oui, pas de problème.
위, 빠 드 프호블렘.

네, 그렇게 하세요.

Oui, c'est bien.
위, 쎄 비앙

상관없습니다.

Ce n'est pas grave.
쓰 네 빠 그라브

알겠습니다.

J'ai compris. / Je vois.
제 꽁프히 / 주 부아

저도 잘 몰라요.

Je ne sais pas non plus.
주 느 쎄 빠 농 쁠뤼

그건 좀 어렵겠는데요.

Ça va être difficile.
싸 바 에트흐 디피씰

거절하겠습니다.

Je regrette mais je dois refuser.
주 흐그헤트 매 주 두아 흐퓨제

그건 안돼요.

Ce n'est pas possible.
쓰 네 빠 뽀씨블르

Ce n'est pas possible.

지금 좀 바빠서요.

Je suis occupé en ce moment.
주 쒸 오뀌뻬 엉 쓰 모멍

어쩔 수 없네요(그렇게 하겠어요).

Eh bien, je n'ai pas le choix.
에 비앙, 주 네 빠 르 슈아

됐습니다. (거절)

Non merci.
농 메흐씨

11. 대답

MP3 01-11

네. / 아니오.

Oui. / Non.
위 / 농

네, 맞아요.

Oui, vous avez raison.
위, 부 자베 헤종

아뇨, 아닌데요.

Non, ce n'est pas ça.
농, 쓰 네 빠 싸

됐습니다. (거절)

Non, merci.
농, 메흐씨

좋아요.

C'est bien.
쎄 비앙

싫어요.

Je n'aime pas ça.
주 넴 빠 싸

불어 잘 몰라요.

Je ne parle pas bien le français.
주 느 빠흘르 빠 비앙 르 프헝쎄

02

기내에서

설레는 마음으로 비행기를 타셨나요?
이제 실전으로 들어가는거죠!

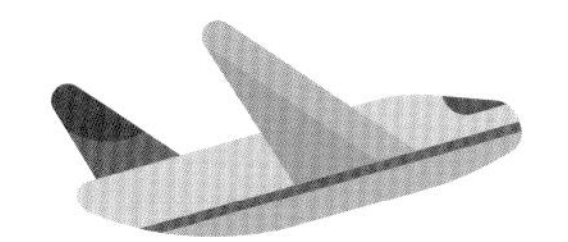

1. 자리찾기

MP3 02-1

■ 좌석표를 보여 주시겠습니까?

Puis-je vérifier votre billet ?
쀠-주 베히피에 보트흐 비예?

제 자리는 어디예요?

Où est mon siège ?
우 에 몽 씨에주?

이거 기내에 들고 들어가도 돼요?

Est-ce que je peux emporter ça (dans l'avion) ?
에쓰끄 주 쀄 엉보흐떼 싸 (덩 라비옹)?

■ 일행이십니까?

Est-ce que vous êtes ensemble ?
에스끄 부 제뜨 엉성블르?

저랑 자리를 좀 바꿔 주실래요?

Pourriez-vous changer de siège avec moi ?
뿌히에-부 샹제 드 씨에주 아벡 무아?

가방 올리는 것 좀 도와 주세요.

Pourriez-vous m'aider à ranger mon sac, s'il vous plaît ?
뿌히에-부 메데 아 헝제 몽 싹, 씰 부 쁠레?

좀 지나갈게요.

Excusez-moi, puis-je passer ?
엑스뀌제-무아, 쀠-주 빠쎄?

구명조끼	veste	베스뜨
금연	interdit de fumer	앙떼흐디 드 퓌메
기장	pilote	삘로뜨
당기다	tirer	띠헤
밀다	pousser	뿌쎄
비상구	sortie de secours	쏘흐띠 드 쓰꾸흐
비즈니스 클래스	classe affaire	끌라쓰 아페흐
산소마스크	masque à air	마쓰끄 아 에흐
스튜어디스	hôtesse de l'air	오떼쓰 들 레흐
승객	passager	빠싸제
안전벨트	ceinture	쌍뛰흐
위생 봉투	sac sanitaire	싸끄 싸니떼흐
이코노미 클래스	classe économique	끌라쓰 에꼬노미끄
현지 시각	heure locale	워흐 로깔
화장실	toilettes	뚜알렛뜨

2. 기내 서비스

MP3 02-2

■ 음료 드시겠습니까?

Voulez-vous boire quelque chose ?
불레-부 부아흐 껠끄 쇼즈?

커피 / 주스 / 생수 주세요.

Un café / du jus / de l'eau, s'il vous plaît.
앙 까페 / 뒤 쥐 / 들 로, 씰 부 쁠레

커피 한 잔 / 맥주 하나 더 주세요.

Un autre verre de café / bière, s'il vous plaît.
앙 노트흐 베흐 드 까페 / 비에흐, 씰 부 쁠레

아뇨, 됐어요.

Non, merci. Ça va.
농, 메흐씨. 싸바

저, 냅킨 좀 주세요.

Excusez-moi, puis-je avoir une serviette, s'il vous plaît.
엑스뀌제-무아, 쀠-주 아부아흐 윈 쎄흐비예뜨, 씰 부 쁘레

■ 치워 드리겠습니다.

Je vais le nettoyer.
주 베 르 네뚜아예

이건 무슨 고기예요?

Qu'est-ce-que c'est comme viande ?
께쓰끄 쎄 꼼 비엉드?

3. 기내시설 이용하기

화장실 가도 돼요?

Est-ce que je peux utiliser les toilettes ?

에쓰끄 주 뿨 위띨리제 레 뚜알레뜨?

이어폰 좀 갖다 주세요.

Est-ce que je peux avoir des écouteurs, s'il vous plaît ?

에쓰그 주 뿨 아부아흐 데 제꾸뚸흐, 씰 부 쁠레?

신문 있어요?

Est-ce que vous avez des journaux ?

에쓰끄 부 자베 데 주흐노?

모포랑 베개 좀 갖다 주세요.

Est-ce que je peux avoir une couverture et un oreiller ?

에쓰끄 주 뿨 아부아흐 윈 꾸베흐뛰흐 에 앙 노헤이예?

■ 벨트를 매 주세요.

Attachez votre ceinture, s'il vous plaît.

아따셰 보트흐 쌍뛰흐, 씰 부 쁠레

■ 등받이를 세워 주세요.

Relevez votre siège, s'il vous plaît.

흘르베 보트흐 씨에주, 씰 부 쁠레

4. 기내판매와 입국카드 확인

MP3 02-4

■ 입국 카드 필요하신 분?

Avez-vous besoin d'une carte d'embarquement ?
아베-부 브주앙 뒨 까흐뜨 덩바흐끄멍?

한 장 주세요.

Est-ce que je peux en avoir une, s'il vous plaît ?
에쓰끄 주 뿨 엉 아부아흐 윈, 씰 부 쁠레?

면세품 지금 살 수 있어요?

Est-ce que je peux acheter Duty Free maintenant ?
에스끄 주 뿨 아슈떼 뒤띠 프리 망뜨넝?

면세 쇼핑 목록 좀 보여 주세요.

Est-ce que je peux avoir le catalogue Duty Free ?
에스끄 주 뿨 아부아흐 르 까딸로그 뒤띠 프리?

이걸로 하나 주세요.

Je voudrais acheter celui-ci.
주 부드헤 아슈떼 쓸뤼-씨

카드도 돼요?

Est-ce que vous acceptez les cartes bleues ?
에쓰끄 부 악쎕떼 레 까흐뜨 블뤄?

면세점보다 싼가요?

Est-ce que c'est moins cher qu'aux boutiques Duty Free ?
에쓰끄 쎄 모앙 셰흐 꼬 부띠끄 뒤띠 프리?

5. 돌발상황

■ 손님, 무슨 일이세요?

Monsieur, (Madame), que se passe-t-il ?
뭐씨워, (마담) 끄 쓰 빠쓰띨?

저 속이 좀 안 좋아요.

Je ne me sens pas bien.
쥬 느 므 썽 빠 비앙

멀미가 나요.

J'ai la nausée.
제 라 노제

멀미약을 좀 주세요.

Puis-je avoir un médicament contre la nausée ?
쀠쥬 아부아흐 앙 메디까멍 꽁트흐 라 노제?

모포를 좀 주세요.

Puis-je avoir une couverture, s'il vous plaît.
쀠쥬 아부아흐 윈 꾸베흐뛰흐, 씰 부 쁠레

냉수 한 잔만 좀 갖다 주실래요?

Puis-je avoir un verre d'eau froide, s'il vous plaît ?
쀠쥬 아부아흐 앙 베흐 도 프흐아드, 씰 부 쁠레?

1시간 연착입니다.

Nous avons un retard d'une heure.
누 자봉 앙 흐따흐 뒨 눠흐

☆ 입국 카드 작성법

* 입국 카드 carte d'embarquement

1. Nom de famille 성
2. Prénom 이름
3. Date de naissance (jj/mm/aa) 생년월일(일/월/년)
4. Nationalité 국적
5. Sexe 성별
6. Numéro de passeport 여권번호
7. Compagnie aérienne et numéro de vol 항공사 이름 및 편명
8. Pays de résidence 살고 있는 나라
9. Ville d'embarquement 탑승 도시
10. Ville de délivrance de visa. 비자를 받은 도시
11. Date de délivrance (jour/mois/année) 비자를 받은 날짜(일/월/년)
12. Adresse en France 프랑스에서 머무는 곳의 주소
13. Ville de séjour 머무르는 도시

* 출국 카드 Carte de débarquement

14. Nom de famille 성
15. Prénom 이름
16. Date de naissance (jj/mm/aa) 생년월일(일/월/년)
17. Nationalité 국적

    (한국은 Corée du sud.)

03

공항에서

비행기에서 내리면 입국 심사대로 안내를 받습니다.

1. 입국심사

MP3 03-1

■ 여권을 보여 주세요.

Montrez-moi votre passeport, s'il vous plaît.
몽트헤-무아 보트흐 빠쓰뽀흐, 씰 부 쁠레

■ 여행 목적은 무엇입니까?

Quel est le but de votre visite ?
껠 에 르 뷔뜨 드 보트흐 비지뜨?

관광입니다.

Je suis venu pour faire du tourisme.
주 쒸 브뉘 뿌흐 페흐 뒤 뚜히슴

■ 얼마나 체류할 예정입니까?

Pendant combien de temps allez-vous rester ?
뼁덩 꽁비앙 드 떵 알레-부 헤스떼?

3일간입니다. (일주일 / 한 달 / 6개월)

Pendant 3 jours. (une semaine / un mois / six mois)
뼁덩 트후아 주흐 (윈 쓰멘 / 앙 무아 / 씨 무아)

■ 어디서 머무실 거죠?

Où allez-vous séjourner ?
우 알레-부 쎄주흐네?

메리어트 호텔에서 머물 거예요.

Je vais rester à l'hôtel Marriott.
주 베 헤스테 아 로뗄 마히옷뜨

유용한 단어

입국 심사	entretien d'immigration	엉트흐띠앙 디미그하씨옹
프랑스인	Français * 명사형은 대문자, 형용사는 소문자입니다.	프헝쎄
외국인	étranger	에트헝제
여권	passeport	빠쓰뽀흐
비자	visa	비자
수화물	bagage	바가주
귀국 항공권	billet d'avion de retour	비예 다비옹 드 흐뚜흐
검역	quarantaine	꺄헝뗀
수화물표	étiquette de bagage	에띠께뜨 드 바가주

Tip 입국심사

관광 목적으로, 또는 단기간의 어학연수와 회의, 등 비즈니스를 목적으로 프랑스에 입국할 경우, 대한민국 국민은 최대 90일까지 비자 없이 여권만으로 체류할 수 있다. 따로 출입국 카드를 쓰지 않아도 되며, 입국 심사 때에는 간단한 질문(여행 목적, 직업, 숙소 등)으로 이루어져 비교적 간단하다. 하지만 이 티켓과 숙소 예약서류 등은 갖추고 있으면 좋다.

파리에는 공항이 총 세 개가 있다. 한국에서 파리로 가는 항공편은 국제선, 샤를 드 골 공항(Aéroport de Paris-Charles de Gaulle)을 이용하게 된다. 하지만 이 외에도 국제선/국내선 겸용으로 이용하는 오를리 공항(Aéroport de Paris- Orly)과 유럽 내 저가항공전용으로 보베 공항(Aéroport de Paris beauvais tille)이 있으니 여행할 때 헷갈리지 않도록 잘 확인해야 한다. 항공 티켓에 공항 코드(CDG, ORY 또는 BVA)를 확인하면 된다.

2. 수화물 찾기

MP3 03-2

짐은 어디서 찾죠?

Où est-ce que je peux retrouver mon bagage ?
우 에쓰끄 주 뿨 흐트후베 몽 바가주?

가방을 잃어버렸어요.

J'ai perdu mon bagage.
제 뻬흐뒤 몽 바가주

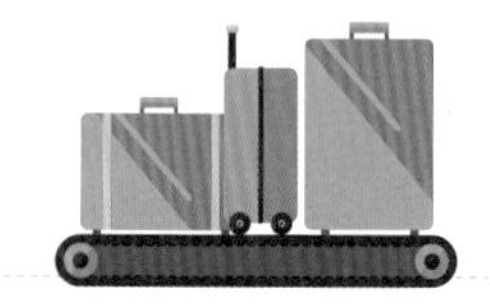

제 가방이 아직 안 나왔어요.

Mon bagage n'est pas encore arrivé.
몽 바가주 네 빠 엉꼬흐 아히베

계속 기다렸는데, 안 나왔어요.

J'ai attendu, mais il n'est pas sorti.
제 아떵뒤, 메 일 네 빠 쏘흐띠

■ 어떤 종류의 가방이죠?

Quelle sorte de bagage est-il ?
껠 쏘흐뜨 드 바가주 에띨?

파란색 보통 여행가방입니다.

Une valise bleue ordinaire.
윈 발리즈 블뤄 오흐디네흐

찾으면 이쪽으로 연락 주세요.

Si vous la retrouvez, contactez-moi.
씨 부 라 흐트후베, 꽁딱떼-무아

MP3 03-3

3. 세관

■ 신고하실 것 있습니까?

Avez-vous des choses à déclarer ?
아베-부 데 쇼즈 아 데끌라헤?

■ 술이나 담배를 갖고 있나요?

Avez-vous de l'alcool ou du tabac ?
아베-부 드 랄꼴 우 뒤 따바?

없습니다.

Non, je n'en ai pas.
농, 주 넝 네 빠

■ 가방을 열어 주세요.

Ouvrez la valise, s'il vous plaît.
우브헤 라 발리즈, 씰 부 쁠레

■ 이건 뭐예요?

Qu'est-ce que c'est ?
께쓰끄 쎄?

선물 (라이터 / 카메라 / 복용약)입니다.

C'est un cadeau (briquet / caméra / médicament).
쎄 땅 꺄도 (브히께 / 꺄메하 / 메디꺄멍)

개인소지품이에요.

Ce sont des affaires personnelles.
쓰 쏭 데 자페흐 뻬흐쏘넬

공항에서

4 공항에서 시내로

MP3 03-4

에펠탑까지 어떻게 가면 돼요?

Comment faire pour aller à la tour Eiffel ?
꼬멍 페흐 뿌흐 알레 알라 뚜흐 에펠?

셔틀버스는 어디서 타나요?

Où est-ce que je peux prendre le bus navette ?
우 에쓰끄 부 주 뿨 쁘헝드흐 르 뷔스 나베뜨?

지하로 내려가야 하나요?

Faut-il descendre au sous-sol ?
포띨 데썽드흐 오 쑤쏠?

매표소는 어디에 있어요?

Où se trouve la billeterie ?
우 쓰 트후브 라 비옛뜨히?

Tip 파리 샤를 드 골 (CDG)공항에서 시내로 가는 방법

RER - 공항에서 어렵지 않게 RER 안내 표지판을 볼 수 있을 것이다.

운영 시간 : 04:50~23:50(10~15분 간격)

시내까지 소요 시간 :

생 미셸 노트르담(Saint-Michel Notre-Dame)까지 약 40분 소요

이용 가능 티켓 : 나비고(Navigo Découverte), 파리 비지트(Paris Visite) 등

요금 : €10.30(RER B 편도)

구매 방법 : 티켓 판매기에서 구매

5. 환승

■ 리옹으로 가는 비행기를 타야 합니다.

Je dois prendre un avion vers Lyon.
주 두아 프헝드흐 아나비옹 베흐 리옹

환승객은 어디로 나가면 되죠?

Où faut-il aller pour faire l'escale ?
우 포띨 알레 뿌흐 페흐 레쓰깔?

예정대로 출발하나요?

Est-ce que le vol part à l'heure ?
에스끄 르 볼 빠흐 알뤄흐?

■ 11시에 출발합니다.

L'avion part à onze heures.
라비옹 빠흐 아 옹줘흐

■ 그 비행기는 안개 때문에 결항입니다.

Le vol est annulé en raison de brouillard.
르 볼 에 따뉠레 엉 헤종 드 브후이야흐

■ 방송을 기다려 주세요.

Attendez l'annonce.
아떵데 라농쓰

어디서 기다리면 되죠?

Où est-ce que j'attends ?
우 에쓰끄 자떵?

04

이동하기

파리의 대중교통을 이용하여 도시의 낭만을 느껴보아요.
지하철, 버스뿐만 아니라 트램과 벨리브(자전거) 등 파리를 다양한 모습으로 관찰할 수 있답니다.

1. 전철, 지하철

MP3 04-1

에펠탑으로 가는 지하철 타는 곳은 어디예요?

Où est-ce que je peux prendre le métro vers la tour Eiffel ?
우 에쓰끄 주 뿨 쁘헝드흐 르 메트호 베흐 라 뚜흐 에펠?

요금이 얼마예요?

Combien ça coûte ?
꽁비앙 싸 꾸뜨?

이거 어떻게 하는 거죠? (표 살 때)

Comment ça fonctionne ?
꼬멍 싸 퐁씨온느?

얼마나 걸려요?

Ça dure combien de temps ?
싸 뒤흐 꽁비앙 드 떵?

에펠탑까지 두 장 주세요.

Deux billets vers la tour Eiffel.
뒤 비예 베흐 라 뚜흐 에펠

이거 에펠탑까지 갑니까?

Est-ce que le train va à la tour Eiffel ?
에쓰끄 르 트항 바 알라 뚜흐 에펠?

에펠탑 가려면 어느 기차를 타야 하나요?

Quel train il faut prendre pour aller à la tour Eiffel ?
껠 트항 일 포 프헝드흐 뿌흐 알레 알라 뚜흐 에펠?

■ 북역에서 갈아타세요.

Vous devez faire une escale à la Gare du Nord.
부 드베 페흐 윈 에쓰깔 알라 가흐 뒤 노흐

에펠탑에 가려면 이쪽에서 타면 되나요?

C'est ici que je prends le train pour aller à la tour Eiffel ?
쎄 띠씨 끄 주 쁘헝 르 뜨항 뿌흐 알레 알라 뚜흐 에펠?

■ 아뇨, 반대편에서 타세요.

Non, il faut aller de l'autre côté.
농, 일 포 알레 들로트흐 꼬떼

저기요, 에펠탑까지 가야 하는데요….

Excusez-moi, je dois aller à la tour Eiffel….
엑스뀌제-무아, 주 두아 알레 알라 뚜흐 에펠

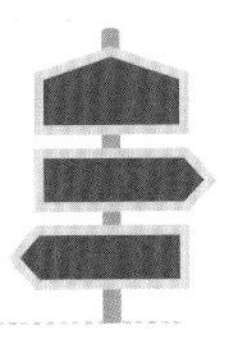

여기서 몇 정거장 가야 하나요?

C'est à combien de stations d'ici ?
쎄따 꽁비앙 드 스따씨옹 디씨?

유용한 단어

표(승차권)	billet de métro	비예 드 메트호
오른쪽/왼쪽	droite/gauche	드후와뜨/고슈
매표소	guichet	기셰
다음 역	station suivante	쓰따씨옹 쒸벙뜨
다음 다음 역	deux stations d'ici	둬 쓰따씨옹 디씨
1/2/3/4 호선	ligne 1/2/3/4	리뉴 앙/둬/트후아/꺄트흐

파리 지하철 100배 즐기기

파리의 지하철은 아마 유럽에서 가장 편리하게 이용할 수 있을 것이다. 1900년에 만들어져 100년이 넘은 파리의 지하철은 이제 총 16개의 노선으로 이루어져 있으며 (1에서 14호선, 그리고 3bis와 7bis 호선) 파리 전역을 모두 다 커버하며 운행한다.

지하철역에 가면 Metro 노선도(Plan du Métro)와 근방 지도(Plan du Quartier)를 쉽게 구할 수 있을 것이다. 파리 메트로 운행 시간은 요일별로 다르다. 주중에는 보통 아침 5시 30부터 새벽 1시까지 운행하며, 금, 토 및 일요일과 공휴일은 새벽 2시까지 운행한다.

파리 대중교통은 총 5개의 지역(zones)으로 나누어져 있다. 파리 지하철은 모두 1–2존에 포함되어있다. 베르사유와 오를리 공항은 4존이며, 샤를 드 골 공항은 5존이다. 존(지역)에 따라 티켓의 가격이 달라진다.

파리 메트로 티켓은 t+티켓이라고도 한다. 1-2존은 한 장에 1.90유로이며, 최초 개시 후 90분 동안 사용할 수 있다. 그 티켓으로 버스, 지상철(tramway), RER(파리 시내) 그리고 몽마르뜨 케이블카를 탈 수 있다.

☆ 가볼만한 곳

파리 메트로 티켓 가격은 보통 매년 변동이 있다.
10개 묶음(carnet 10)으로 t+티켓을 살 경우 14.90유로이며 만 4~10살 미만의 어린이는(carnet de dix tarif réduit) 7.45유로이다. 버스 또는 지하철에 탑승하여 티켓을 살 경우는 장당 2유로이며 해당 교통수단에만 유효하다(환승 불가).
이 외에 하루 무제한 티켓(Mobilis)도 있다. 이동해야 하는 존(zones)에 따라 가격이 다르니 확인하고 구매해야 한다. (1–2존의 경우 하루 티켓 : 7.50유로)
또는 Paris Visite travel pass라는 티켓은 하루 5.80유로로 파리 시내 모든 대중교통을 무제한으로 이용할 수 있다.
Navigo 패스는 월정액 또는 일주일 단위로 구매가 가능하다. 파리에 일주일 이상 묵을 계획이라면 가장 저렴한 옵션일 수 있다.

PARIS

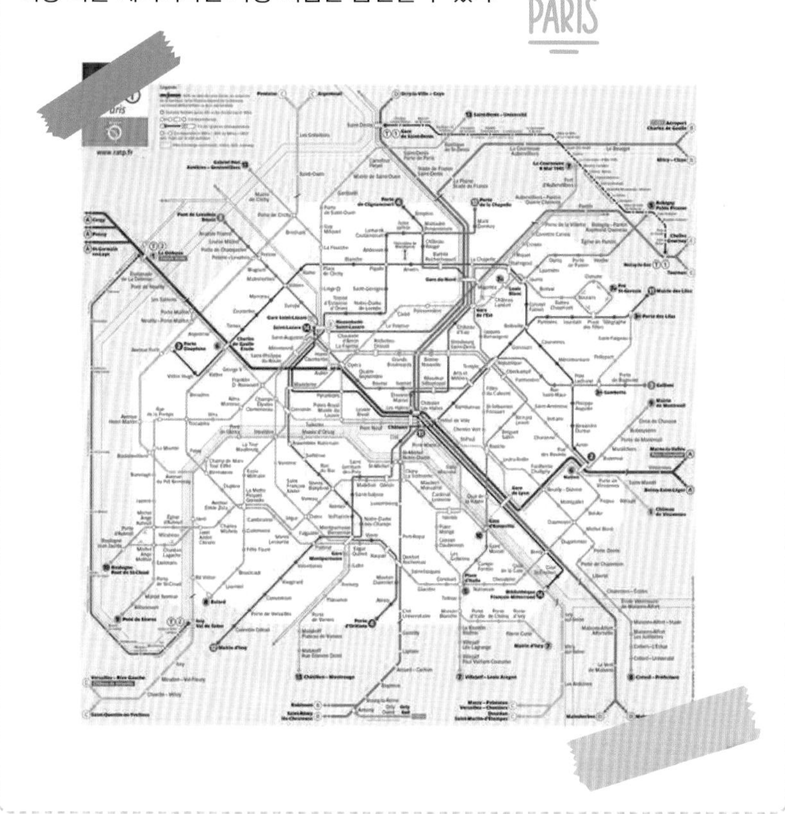

2. 버스

MP3 04-2

버스 정류장은 어디죠?

Où est la station de bus ?
우 에 라 쓰따씨옹 드 뷔스?

메리어트 호텔에 가는 리무진 버스는 어디서 타나요?

Où peut-on prendre le bus limousine vers l'hôtel Marriott ?
우 뿨똥 프헝드흐 르 뷔스 리무진 베흐 로뗄 마히옷뜨?

메리어트 호텔까지 갑니까?

Est-ce que le bus va jusqu'à l'hôtel Marriott ?
에쓰끄 르 뷔스 바 쥐스까 로뗄 마히옷뜨?

요금은 얼마예요?

Combien ça coûte ?
꽁비앙 싸 꾸뜨?

죄송하지만, 도착하면 좀 알려 주세요.

Est-ce que vous pouvez me dire quand on arrive ?
에쓰끄 부 뿌베 므 디흐 껑 옹 나히브?

호텔까지 아직 멀었어요?

Est-ce qu'on est encore loin de l'hôtel ?
에스꽁네 엉꼬흐 루앙 드 로뗄?

몇 시쯤 도착할까요?

À quelle heure est-ce qu'on arrive ?
아 껠워흐 에스꽁 아히브?

■ 앞으로 30분 뒤에 도착할 것입니다.

Nous arrivons dans 30 minutes.
누 자히봉 덩 트헝뜨 미뉘뜨

■ 손님, 다 왔습니다.

Monsieur / Madame, nous sommes arrivés.
뭐씨워 / 마담, 누 쏨 자히베

여기서 내릴게요.

Je descends ici.
주 데썽 이씨

■ 조심해서 내리세요.

Faites attention à la marche.
페뜨 아떵씨옹 알라 마흐슈

Tip 파리 버스의 종류

지하철과 마찬가지로 파리의 버스도 RATP(파리 교통공사)에서 운영한다. 버스는 바깥 풍경을 보면서 이동할 수 있는 것이 장점. 가고자 하는 노선 번호와 가는 곳을 확인하고 이용하자. 지하철과 같은 티켓으로 탑승할 수 있으며 지하철에서 표를 통과시키듯 버스를 탈 때 운전기사석 옆에 있는 기계 (composteur)에 넣어 탑승 표시를 찍으면 된다. "Noctilien" 버스는 야간에 운행하는 버스이다.

3. 택시

🎧 MP3 04-3

택시! (말없이 손을 들어 잡는 것이 보통이다.)

Taxi !
딱씨!

■ 어서 오세요. 어디로 갈까요?

Bonjour. Où est-ce que vous allez ?
봉주흐. 우 에쓰끄 부 잘레?

역까지 가 주세요.

À la station, s'il vous plaît.
알라 쓰따씨옹, 씰 부 쁠레

약도가 있는데, 여기까지 가 주세요.

J'ai une carte. Emmenez-moi ici.
제 윈 꺄흐뜨. 엉므네-무아 이씨

저기서 세워 주세요.

Arrêtez-vous là-bas.
아헤떼-부 라바

좀 서둘러 주세요.

Pouvez-vous aller vite, s'il vous plaît ?
부베 부 알레 비뜨, 씰 부 쁠레?

트렁크 좀 열어 주세요.

Pouvez-vous ouvrir le coffre, s'il vous plaît ?
뿌베-부 우브히흐 르 꼬프흐, 씰 부 쁠레?

☆ 택시 관련 용어

거스름돈	monnaie	모네
기본 요금	tarif de base	따히프 드 바즈
~까지 가 주세요.	~, s'il vous plaît.	~, 씰 부 쁠레
네거리	carrefour	꺄흐푸흐
도로의 진입구	entrée de la rue	엉트헤 들라 휘
빈차	voiture vide	부아뛰흐 비드
승합택시	taxi collectif	딱시 꼴렉띠프
신호등	feu de signalisation	풔 드 시냘리자씨옹
운전기사	chauffeur	쇼풔흐
좌회전	virage vers la gauche	비하쥬 베흐 라 고슈
직진	aller tout droit	알레 뚜 두화
택시 승강장	station de taxi	쓰따씨옹 드 딱씨

Tip 파리에서 택시타기

파리에서는 택시를 타기 위해 공항, 주요 역 또는 지하철역 근처에 지정된 택시 승강장이 있으며, 아무 곳에서나 택시를 불러 세우기 어렵다. 택시 차량 위에 불이 초록색이면 빈 차이고, 빨간 불이면 다른 손님이 있다는 뜻이다. 길거리에서 택시를 불러 세우는 경우, 택시가 손님과의 거리가 50m 미만이거나, 버스노선에 있으면 멈추어 서지 않을 수 있다.
택시 회사에 전화를 걸거나 웹사이트를 통해 택시를 예약할 수도 있으며, 비용은 장소, 거리, 탑승객 수와 짐의 유무에 따라 다르며 추가 요금이 있을 수 있다.

4. 렌트카 이용하기

MP3 04-4

자동차를 빌리고 싶은데요.

Je voudrais louer une voiture.
주 부드헤 루에 윈 부아뛰흐

■ 운전면허증이 있습니까?

Est-ce que vous avez un permis de conduire ?
에쓰끄 부 자베 앙 뻬흐미 드 꽁뒤흐?

■ 어떤 차종을 원하세요?

Quel type de voiture voulez-vous conduire ?
껠 띱 드 부아뛰흐 불레-부 꽁뒤흐?

보통차 / 큰 차를 원해요.

Je veux une voiture de taille moyenne / grande.
주 붜 윈 부아뛰흐 드 따유 무아옌 / 그헝드

■ 어떤 모델로 렌트하시겠습니까?

Quel modèle voulez-vous louer ?
껠 모델 불레-부 루에?

하루에 얼마죠?

Quel est le tarif journalier ?
껠 에 르 따히프 주흐날리에?

그 가격에 보험이 포함되어 있나요?

Est-ce que le prix inclut l’assurance ?
에쓰끄 르 프히 앙끌뤼 라쒸헝쓰?

오토예요?

Est-ce que c'est automatique ?
에쓰끄 쎄 오또마띠끄?

몇 년 식이죠?

De quelle année est le modèle ?
드 껠 안네 에 르 모델?

■ 며칠 동안 빌리시겠어요?

Combien de jours voulez-vous louer ?
꽁비앙 드 주흐 불레-부 루에?

하루만이요. / 3일간이요.

Un jour. / Trois jours.
앙 주흐 / 트후아 주흐

■ 보험에 드시겠습니까?

Voulez-vous une assurance ?
불레-부 윈 아쒸헝쓰?

보험료는 얼마예요?

Combien coûte l'assurance ?
꽁비앙 꾸뜨 라쒸헝쓰?

■ 5시까지 돌려 주셔야 합니다.

Vous devez la rendre avant 17 heures.
부 드베 라 헝드흐 아벙 디쎄뛰흐

5. 주유소, 카센터

MP3 04-5

저기요, 주유소가 어디에 있어요?

Excusez-moi, où est la station essence ?
엑쓰뀌제-무아, 우 에 라 쓰따씨옹 에썽쓰?

시동이 안 걸려요.

Je n'arrive pas à démarrer la voiture.
주 나히브 빠 아 데마헤 라 부아뛰흐

브레이크가 고장났어요.

Le frein est tombé en panne.
르 프항 에 똥베 엉 빤느

고칠 수 있어요?

Est-ce que vous pouvez le réparer ?
에쓰끄 부 뿌베 르 헤빠헤?

타이어가 펑크났어요.

Le pneu est crevé.
르 쁘눠 에 크흐베

휘발유를 넣으면 됩니까?

Est-ce que je peux mettre l'essence ?
에쓰크 주 뿨 메트흐 레썽쓰?

30유로어치 넣어 주세요. (주유소에서)

Trente euros d'essence, s'il vous plaît.
트헝트 워호 데썽쓰, 씰 부 쁠레

가득 넣어 주세요.

Le plein, s'il vous plaît.
르 쁠랑, 씰 부 쁠레

세차해 주세요.

Je voudrais laver la voiture, s'il vous plaît.
주 부드헤 라베 라 부아뛰흐, 씰 부 쁠레

Tip 주유소 이용하기

대부분의 유럽 나라의 주유소는 무인 주유 시스템이다. 주유소에 따라 주유 방법과 결제 방법이 다를 수 있지만 일부 주유기를 당기면 바로 주유가 된다. 디젤(Diesel)은 'Gazole'이며 Gasoline는 'Essence'이다.
주유소에 따라 기계로 카드 승인 후 주유하는 만큼 결제가 되는 곳도 있고, 주유를 먼저 하고 난 후 건물 안 계산대에서 몇 번 주유대인지 말하고 지급하는 곳도 있으니 잘 살펴보도록 하자.

05

호텔에서

여행 가기 전 항공권 이외에도 중요한 것이 숙소 예약입니다.
호텔 또는 게스트하우스 등 다양한 숙소를 알아보고 비용을 절약하세요!

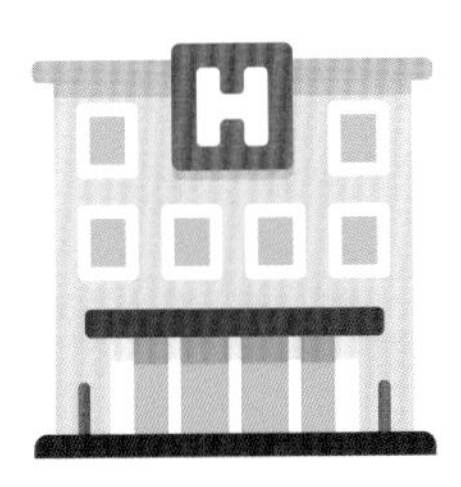

1. 전화로 예약하기

MP3 05-1

■ 메리어트 호텔입니다.

Bonjour, vous appelez l'hôtel Marriott.
봉주흐, 부 자쁠레 로뗄 마히옷뜨

예약하고 싶은데요.

Je voudrais faire une réservation.
주 부드헤 페흐 윈 헤제흐바씨옹

오늘부터 3박이요.

Trois nuits à partir d'aujourd'hui.
트화 뉘 아 빠흐띠흐 도주흐뒤

싱글 / 트윈으로요.

Je voudrais une chambre simple / à deux lits.
주 부드헤 윈 셩브흐 쌍쁠르 / 아 둬 리

제 이름은 김지윤입니다.

Je m'appelle Ji-yoon Kim.
주 마뻴 지윤 킴

이름 철자는 J, I, 하이픈 Y, 더블O, N이고 성은 K, I, M입니다.

Mon prénom s'écrit J, I, tiret, Y, deux O, N et mon nom s'écrit K, I, M.
몽 프헤농 쎄크히, 쥐, 이, 띠헤, 이그헥끄, 둬조, 엔느 에 몽 쎄크히 꺄, 이, 엠

1박에 얼마예요?

Quel est le tarif par nuit ?
껠 에 르 따히프 빠흐 뉘?

■ 조식 포함 150유로입니다.

150 euros, y compris le petit-déjeuner.
썽쌍껑뜨 어호, 이 꽁프히 르 쁘띠데쥬네

체크인은 몇 시부터죠?

À quelle heure commence l'enregistrement ?
아껠뤠흐 꼬멍쓰 렁흐지스트흐멍?

그걸로 예약할게요.

Je voudrais réserver cette chambre.
주 부드헤 헤제흐베 쎄뜨 셩브흐

Tip 프랑스의 호텔

프랑스의 호텔은 럭셔리호텔, 3~4성급 호텔, 중급호텔, 호스텔, 그리고 장기 체류를 위한 아파트-호텔(Apart-hotel)이 있다.
고급 럭셔리 호텔로는 "팰리스 호텔"로도 불리는데 이 중 탑5로 Crillon(콩코드 광장), Hotel Fouquet's, Plaza-Athénée 그리고 Meurice가 있다.
학생들의 경우 (유스)호스텔을 이용하면 저렴하다. 파리의 대학과 연계된 호스텔도 있다. 장기 투숙을 할 경우 Apart-hotel이라는 장기숙박 옵션도 있다. 레지던스와 비슷한 종류의 시설이라 볼 수 있다.

☆ 호텔관련단어

* 로비

* 귀빈접 객실

* 트윈룸

귀중품 보관함	coffre fort	꼬프흐 포흐
냉수	eau froide	오 프후와드
더블	deux lits	둬 리
도어맨	portier	뽀흐띠에
룸 서비스	service de chambre	쎄흐비쓰 드 셩브흐
만실	plein	쁠랑

모닝콜	réveil par téléphone	헤베유 빠흐 뗄레폰
무료 커피 제공	café gratuit	꺄페 그하뛰
비상계단	escalier de secours	에쓰꺌리에 드 쓰꾸흐
비상구	sortie de secours	쏘흐띠 드 쓰꾸흐
비수기 숙박비	tarif en basse saison	따히프 엉 바쓰 쎄종
숙박 신고서	fiche d'enregistrement	피슈 덩흐지스트흐멍
세탁 서비스	service laverie	쎄흐비쓰 라브히
에어컨	climatiseur	끌리마띠줘흐
예약	réservation	레제흐바씨옹
1인실	chambre individuelle	셩브흐 앙디비뒤엘
2인실	chambre pour 2 personnes	셩브흐 뿌흐 둬 뻬흐쏜
온수	eau chaude	오 쇼드
유선TV	télévision par câble	뗄레비지옹 빠흐 꺄블르
짐꾼	porteur	뽀흐뚸흐
체크아웃	réglement de note	헤글르멍 드 노뜨
체크인	enregistrement	엉흐지스트흐멍
트윈	deux lits	둬 리
팁	pourboire	뿌흐부아흐
프론트	réception	헤쎕씨옹
휴대품 보관소	vestiaire	베쓰띠에흐
회의장	salle de conférence	쌀 드 꽁페형스

2. 체크인

MP3 05-2

예약을 한 김지윤인데요.

J'ai fait une réservation sous le nom de Ji-yoon Kim.
제 페 윈 헤제흐바씨옹 쑤 르 농 드 지윤킴

방 있어요?

Est-ce qu'il y a une chambre disponible ?
에쓰낄리아 윈 셩브흐 디쓰뽀니블르?

■ 몇 분이십니까?

Vous êtes combien ?
부 제뜨 꽁비앙?

네 명입니다.

Nous sommes quatre.
누 쏨 꺄트흐

■ 어떤 방으로 원하십니까?

Quelle sorte de chambre vous voulez ?
껠 쏘흐뜨 드 셩브흐 부 불레?

전망 좋은 방 / 조용한 방으로 주세요.

Une chambre avec une belle vue / silencieuse.
윈 셩브흐 아벡 윈 벨 뷔 / 씰렁씨어즈

트윈 / 스윗으로 주세요.

Je voudrais une chambre à deux lits / suite.
주 부드헤 윈 셩브흐 아 둬 리 / 쒸뜨

■ 여기에 성함과 주소를 기입해 주세요.

Écrivez ici votre nom et adresse, s'il vous plaît.
에크히베 이씨 보트흐 농 에 아드헤쓰, 씰 부 쁠레

■ 여기 키 있습니다. 405호실입니다.

Voici la clé. C'est la chambre numéro 405.
부아씨 라 끌레. 쎄 라 셩브흐 뉘메호 꺄트흐썽쌍끄

■ 죄송합니다. 방이 다 찼습니다.

Je suis désolé. Nous sommes au complet.
주 쒸 데졸레. 누 쏨 오 꽁쁠레

☆ 숙박카드에 쓰이는 말

숙박 카드	carte d'enregistrement	꺄흐뜨 덩흐지스트흐멍
성	nom de famille	농 드 파미유
이름	prénom	프헤농
주소	adresse	아드헤스
연락처	numéro de téléphone	뉘메호 드 뗄레폰
도착일	date d'arrivée	다뜨 다히베
출발일	date de départ	다뜨 드 데빠흐
성별	sexe	쎅스
국적	nationalité	나씨오날리떼
여권 번호	numéro de passeport	뉘메호 드 빠쓰뽀흐

3. 호텔 방에서

MP3 05-3

여기 405호실인데요.

C'est la chambre numéro 405.
쎄 라 셩브흐 뉘메호 꺄트흐썽쌍끄

뜨거운 물이 안 나와요.

Il n'y a pas d'eau chaude.
일니야빠 도 쇼드

수건이 더 필요해요.

J'ai besoin de serviette.
제 브주앙 드 쎄흐비예뜨

불이 안 켜져요.

La lumière ne s'allume pas.
라 뤼미에흐 느 싸륌 빠

에어컨이 안 되는데요.

Le climatiseur ne fonctionne pas.
르 끌리마띠줘흐 느 퐁씨온 빠

옆방이 너무 시끄러워요.

La chambre voisine est trop bruyante.
라 셩브흐 부아진 에 트호 브휘영뜨

방을 좀 바꿔 주실 수 있나요?

Est-ce que je peux changer de chambre ?
에쓰끄 주 뿨 셩제 드 셩브흐?

직원을 보내 주세요.

Envoyez-moi quelqu'un, s'il vous plaît.
엉부아예-무아 껠꺙, 씰 부 쁠레

이 옷을 세탁해 주세요.

Je voudrais laver ces habits.
주 부드헤 라베 쎄 자비

내일 몇 시까지 되나요?

À quelle heure seront-ils prêts, demain ?
아 껠 어흐 쓰홍-띨 프헤, 드망?

다림질도 해 주시죠?

Est-ce que le repassage est inclus ?
에쓰끄 르 흐빠싸주 에 땅끌뤼?

세탁물이 아직 안 왔어요.

Je n'ai pas encore reçu mes habits.
주 네 빠 엉꼬흐 흐쒸 메 자비

Tip 여행의 색다른 맛 B&B

요즘은 전 세계적으로 에어비앤비라는 시스템으로 쉽게 경험할 수 있는 숙박 방법이 있다. 이와 비슷하게 프랑스를 여행할 때, 일반적인 호텔이나 모텔 외에 가족 또는 친구끼리 가는 것이라면 홈스테이를 권한다. 집과 가정마다 그리고 지역마다 색다른 경험을 할 수 있을 수 있다. 전통적인 집 또는 다른 주거 형태와 문화를 경험할 수 있을 것이다.

☆ 호텔에서 배우는 단어

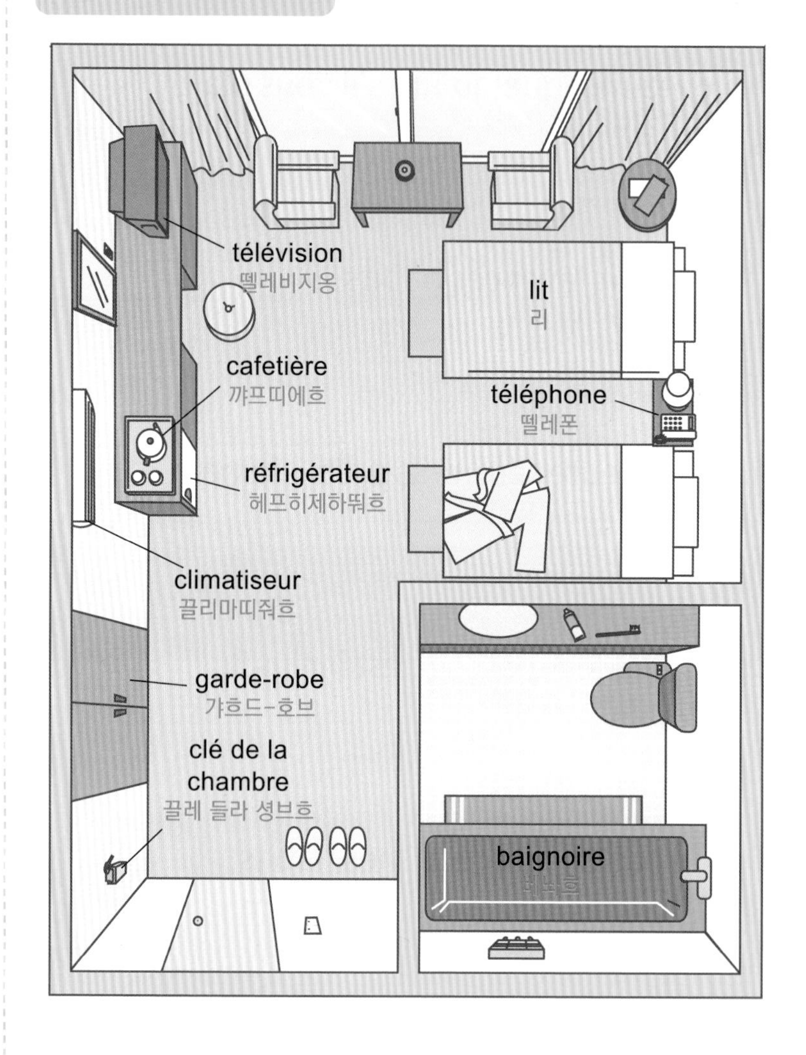

prise de courant 콘센트	interrupteur 스위치	brosse à dent 칫솔
프히즈 드 꾸헝	앙떼휩뚸흐	브호싸덩
dentifrice 치약	couverture 이불	robe de chambre 가운
덩띠프히쓰	꾸베흐뛰흐	호브 드 셩브흐

cendrier 재떨이
썽드히에

drap 침대시트
드하

boisson 음료수
부아쏭

올라갑니까? 내려갑니까?
Est-ce qu'il monte ? Ou il descend ?

Tip 프랑스에서 한국으로 전화할 때?

요새는 인터넷과 스마트폰의 발전으로 국제전화를 걸거나 연락을 하는 것이 어렵지 않다. 로밍한 핸드폰, 인터넷, 보이스톡 등을 이용해 전화를 거는 방법이 있으며, 프랑스의 국가번호는 33이다. 국가번호 앞에 00을 붙이거나 +를 붙여서 전화를 걸 수 있다. 이와 같은 방법으로 프랑스에서 한국으로 전화를 걸기 위해 한국의 국가번호인 82를 전화번호 앞에 붙이면 된다.

프랑스의 4대 이동통신 업체는 SFR, Bouygues, Orange, Free가 있다.

프랑스의 전기 표준은 230V고 주파수는 50Hz이다. 소켓은 대부분 한국에서 사용하는 것과 호환이 가능하다. 주파수의 영향을 받지 않는 한국의 전기제품은 프랑스에서 그대로 사용이 가능하다.

4. 조식 이용

MP3 05-4

■ 몇 분이십니까?

Vous êtes combien ?
부 제뜨 꽁비앙?

저 혼자예요. / 네 사람이에요.

Je suis seul. / Nous sommes quatre personnes.
주 쒸 썰 / 누 쏨 꺄트흐 뻬흐쏜

■ 담배 피우십니까?

Est-ce que vous fumez ?
에쓰끄 부 퓌메?

예, 피워요. / 아뇨, 안 피워요.

Oui, je fume. / Non, je ne fume pas.
위, 주 퓜 / 농, 주 느 퓜 빠

■ 금연석으로 하시겠어요? 아니면 흡연석으로 하시겠어요?

Est-ce que vous voulez une place non-fumeur, ou fumeur ?
에쓰끄 부 불레 윈 쁠라쓰 농-퓌뭐흐, 우 퓌뭐흐?

금연석으로요.

Je voudrais une place non-fumeur.
주 부드헤 윈 쁠라쓰 농-퓌뭐흐

창가 자리에 앉아도 돼요?

Est-ce que je peux m'asseoir à côté de la fenêtre ?
에쓰끄 주 뿨 마쑤아흐 아 꼬떼 들라 프네트흐?

■ 커피하고 차가 있습니다.

Nous avons du café et du thé.
누 자봉 뒤 꺄페 에 뒤 떼

커피로 주세요.

Je voudrais du café.
주 부드헤 뒤 꺄페

여기에, 커피 좀 더 주세요.

Excusez-moi, est-ce que je peux avoir un peu plus de café, s'il vous plaît ?
엑쓰뀌제-무아, 에쓰끄 주 뿨 아부아흐 앙 뿨 쁠뤼스 드 꺄페, 씰 부 쁠레?

디저트로 아이스크림을 주세요.

Je voudrais avoir de la glace comme dessert.
주 부드헤 아부아흐 들라 글라쓰 꼼 데쎄흐

Tip 프랑스의 아침식사

프랑스인의 아침 식사에 가장 중요한 것은 바로 빵이다. 일반 바게트(baguette ordinaire)와 정통 바게트(baguette traditionnelle)가 있는데, 정통 바게트는 조금 더 작고 넓은 모양을 하고 있으며, 즉석에서 만들어 냉동된 적이 없는 바게트를 의미한다. 바게트 외에도 크래커(cracker)에 잼이나 버터를 발라 먹기도 한다.

5. 시설 이용

MP3 05-5

팩스를 써도 되나요?

Est-ce que je peux utiliser le fax ?
에쓰끄 주 쀠 위띨리제 르 팍스?

저한테 팩스(메시지) 온 것 있어요?

Est-ce qu'il y a un fax(message) pour moi ?
에쓰낄리야 앙 팍스(메싸주) 뿌흐 무아?

신문 있어요?

Est-ce que vous avez des journaux ?
에쓰끄 부 자베 데 주흐노?

소포를 여기서 보낼 수 있나요?

Est-ce que je peux envoyer un colis ici ?
에쓰끄 주 쀠 엉부아예 앙 꼴리 이씨?

요금이 어떻게 되죠?

Combien ça coûte ?
꽁비앙 싸 꾸뜨?

Est-ce que je peux envoyer un colis ici ?

이것 그냥 가져도 돼요?

Est-ce que je peux le prendre ?
에쓰끄 주 쀠 르 쁘헝드흐?

돌려 드려야 하나요?

Est-ce qu'il faut le rendre ?
에쓰낄 포 르 헝드흐?

우산을 좀 빌려 주세요.

Est-ce que je peux emprunter un parapluie ?
에쓰끄 주 뿨 엉프항떼 앙 빠하쁠뤼?

죄송해요, 우산을 잃어버렸어요.

Je suis désolé, j'ai perdu le parapluie.
주 쒸 데졸레, 제 뻬흐뒤 르 빠하쁠뤼

■ 괜찮습니다.

Ça va. / Ce n'est pas grave.
싸바 / 쓰 네 빠 그하브

공항까지 가는 셔틀버스가 있어요?

Est-ce qu'il y a un bus navette vers l'aéroport ?
에쓰낄리야 앙 뷔스 나베뜨 베흐 라에호뽀흐?

호텔의 수영장은 몇 시부터예요?

Quand est-ce que la piscine de l'hôtel ouvre ?
껑 떼쓰끄 라 삐씨는 드 로뗄 우브흐?

어떡하죠? 친구가 키를 맡기지 않고 나갔네요.

Que faire? Mon ami est sorti sans avoir laissé la clé.
끄 페흐? 몽 나미 에 쏘흐띠 썽 아부아흐 레쎄 라 끌레.

키를 방에 두고 나와 버렸어요.

J'ai laissé ma clé dans la chambre.
제 레쎄 마 끌레 덩 라 셩브흐

6. 체크아웃

MP3 05-6

체크아웃 하겠어요.

Je voudrais libérer la chambre, s'il vous plaît.
주 부드헤 리베헤 라 샹브흐, 씰 부 쁠레

■ 지불은 뭘로 하시겠습니까?

Comment est-ce-que vous payez ?
꼬멍 에스끄 부 뻬예?

카드로 하겠습니다.

Par carte bleue.
빠흐 꺄흐뜨 블뤄

현금으로 하겠습니다.

En espèces.
엉 에스뻬스

■ 불편하신 점은 없으셨습니까?

Est-ce que vous avez aimé votre séjour ?
에쓰끄 부 자베 에메 보트흐 쎄주흐?

잘 쉬었습니다.

Je me suis bien reposé, merci.
주 므 쒸 비앙 흐보제, 메흐씨

냉장고 음료수는 안 마셨는데요.

Je n'ai rien bu dans le réfrigérateur.
주 네 히앙 뷔 덩 르 헤프히제하뚸흐

짐만 좀 맡길 수 있을까요?

Est-ce que je peux laisser mon bagage un peu plus longtemps ?
에쓰끄 주 뿨 레쎄 몽 바가쥐 앙 뿨 쁠뤼 롱떵?

■ 네, 그러세요.

Oui, bien sûr. / Pas de problème.
위, 비앙 쒸흐 / 빠 드 프호블렘

오후 1시까지 짐을 좀 맡아주세요.

Est-ce que je peux laisser mon bagage ici jusqu'à 13 heures ?
에쓰끄 주 뿨 레쎄 몽 바가쥐 이씨 쥐스까 트헤줘흐?

1시까지 돌아오겠습니다.

Je reviendrai avant 13 heures.
주 흐비앙드헤 아벙 트헤줘흐

택시를 좀 불러 주세요.

Pouvez-vous appeler un taxi, s'il vous plaît ?
뿌베-부 아쁠레 앙 딱씨, 씰 부 쁠레?

고마웠어요.

Merci.
메흐씨.

06

식사하기

미식의 나라인 만큼 프랑스에는 맛볼 음식이 많습니다.
파리 도시 구석구석에서 만나 볼 수 있는 길거리 음식부터 고급 레스토랑까지,
입맛과 예산에 맞게 골라서 맛집 투어를 해보아요!

1. 자리안내

MP3 06-1

이 주변에 식당 있어요?

Est-ce qu'il y a un restaurant près d'ici ?
에쓰낄리야 앙 헤스또헝 프헤 디씨?

■ 어서 오십시오.

Bienvenue.
비앙브뉘

■ 일행이 몇 분이십니까?

Vous êtes combien ?
부 제뜨 꽁비앙?

■ 죄송합니다. 잠시 기다리셔야 하는데요.

Je suis désolé. Il faut attendre un moment.
주 쒸 데졸레. 일 포 아떵드흐 앙 모멍

얼마나 기다려야 하죠?

Combien de temps faut-il attendre ?
꽁비앙 드 떵 포-띨 아떵드흐?

■ 20분 정도 기다리셔야 합니다.

Environ 20 minutes.
엉비홍 방 미뉘뜨

창가 자리로 부탁합니다.

Je voudrais une table à côté de la fenêtre.
주 부드헤 윈 따블르 아 꼬떼 들라 프네트흐

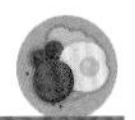

■ 지금은 이 자리밖에 없습니다.

C'est la seule table disponible actuellement.
쎄 라 쐴 따블르 디쓰뽀니블르 악뛰엘르멍

■ 다른 자리가 나는 대로 바꿔 드리겠습니다.

Je vais vous changer de table dès que possible.
주 베 부 셩제 드 따블르 데 끄 뽀씨블르

■ 이쪽으로 오십시오, 테이블로 모시겠습니다.

Suivez-moi. Je vais vous montrer la table.
쒸베-무아. 주 베 부 몽트헤 라 따블르

■ 주문하시겠습니까?

Vous commandez ?
부 꼬멍데?

권해 줄 만한 것 있어요?

Qu'est-ce que vous recommandez ?
꼐쓰끄 부 흐꼬멍데?

이것하고 저것 주세요.

Je voudrais ceci et cela.
주 부드헤 쓰씨 에 쓸라

세트로 주세요.

Je voudrais le menu à prix fixe.
주 부드헤 르 므뉘 아 프히 픽쓰

☆ 음식은 어디가 맛있죠?

프랑스에서 가족과 함께 편하게 찾을 수 있는
체인 레스토랑&패스트푸드 음식점

퀵 (Quick)

프랑스의 햄버거 체인점 유럽의 첫 번째 햄버거 체인점이다. 맥도날드가 식상하다면 퀵에서 유럽의 패스트푸드 체인점의 맛을 보아도 좋을 것. 버거에 쓰이는 빵과 메뉴가 맥도날드와 조금 다르다. 샐러드와 디저트 종류도 다양하며, 가장 유명한 버거는 Giant이다.

히뽀뽀따뮤스 (Hippopotamus)

프랑스식 스테이크 하우스. 15~30유로 선에서 다양한 스테이크 종류가 있다. 스테이크 외에도 다양한 샐러드, 앙트레와 버거도 있으며, 다양한 프랑스식 디저트와 와인이 준비되어 있다. 스테이크 외에 생선 요리도 몇 가지 있다.

레옹 (Léon)

홍합 요리 전문 체인점
"Moules-frites"라는 이름의 음식으로 홍합(탕)에 감자튀김을 곁들여 먹는다. 홍합탕은 여러 종류가 있으며 (기본, 지중해식 등) 감자튀김은 무제한이다.

크로크무슈

간식으로 먹을 만한 크로크무슈 또는 크로크 마담은 일반 빵집에서 맛볼 수 있다. Boulangerie 또는 카페에서 주문해서 먹어보도록 하자.

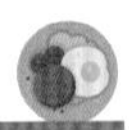

케밥, 팔라펠

파리 어디를 가나 케밥과 팔라펠을 먹을 수 있다. 하지만 가장 맛있다고 유명한 지역은 로지에 가(rue des Rosiers, 마레 지구)에 있다고 한다. 세계적으로 유명한 l'As du Falafel (토요일 휴무), King Falafel, Chez Hanna and MA-VA-ME은 서로 가까이 자리 잡고 있어 가서 원하는 곳으로 골라서 먹으면 된다.

Jambon-beurre(햄, 버터) 또는 Jambon-fromage(햄, 치즈) 샌드위치

가장 파리지앵다운 길거리 음식이라고 할 수 있다. 약 2유로 정도에 바게트 반 개에 햄과 버터 또는 치즈를 넣은 아주 간단한 샌드위치이다. 대부분의 빵집에서 살 수 있다.

프렌치 양파 수프

양파가 많고 기르기 쉬워 가난한 사람들의 음식으로 연관이 되었던 음식이다. 최근에는 소고기 육수에 캐러멜화한 양파, 그리고 위에 콩테 치즈를 녹여 크루통과 같이 낸다. 아주 저렴하며, 특히 추운 겨울에 많이 찾는 음식이다.

프랑스는 세계적으로 유명한 미식의 나라이다. 가격이 다소 비싸더라도 미슐랭 가이드에 선정된 레스토랑을 찾아가서 맛보는 것도 좋은 경험이 될 것이다.

2. 주문하기

MP3 06-2

여기요. 주문할게요.

Excusez-moi. Je voudrais commander.
엑쓰뀌제-무아. 주 부드헤 꼬멍데

주문 받으세요.

Est-ce que je peux commander ?
에쓰끄 주 뿨 꼬멍데?

■ 결정하셨습니까?

Est-ce que vous avez choisi ?
에쓰끄 부 자베 슈아지?

좀 있다 할게요.

Un moment, s'il vous plaît.
앙 모멍, 씰 부 쁠레

주문을 바꾸어도 될까요?

Est-ce que je peux changer de commande ?
에쓰끄 주 뿨 셩제 드 꼬멍드?

추가하고 싶은데요.

Je voudrais encore commander autre chose.
주 부드헤 엉꼬흐 꼬멍데 오트흐 쇼즈

이건 제가 주문한 게 아닌데요.

Ce n'est pas ce que j'ai commandé.
쓰네 빠 쓰 끄 제 꼬멍데

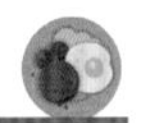

■ 다 드셨습니까?

Est-ce que vous avez fini ?
에쓰끄 부 자베 피니?

아뇨, 아직.

Non, pas encore.
농, 빠 엉꼬흐

네, 다 먹었습니다. 치워 주세요.

Oui, j'ai fini. Vous pouvez prendre l'assiette.
위, 제 피니. 부 뿌베 브펑드흐 라씨엣뜨

죄송하지만, 물 좀 더 주세요.

Excusez-moi, est-ce que je peux avoir de l'eau ?
엑쓰뀌제-무아, 에쓰끄 주 뿨 아부아흐 들로?

Tip 능숙하게 주문하는 법

프랑스 식당은 대체로 전체 메인 코스, 후식 순으로 음식을 각각 따로 주문해야 하는 경우가 대부분이다. 그러나 양이 많지 않은 여성일 경우 샐러드 같은 전체 메뉴를 메인으로 주문하고 싶다고 웨이터에게 요청하면 메인 코스가 나올 때 전체 메뉴를 메인 코스 형식으로 함께 내오는 편의를 봐준다. 와인은 일행이 많으면 병째 주문할 수 있으나, 그렇지 않은 경우 글라스 단위로도 주문이 가능하다. 와인은 메뉴판에 간단한 약식 리스트가 실려 있는 경우가 대부분이지만, 와인에 대해 특별히 관심이 있다면 와인 리스트가 별도로 있는지 물어본다. 어린이를 동반한 경우에는 어린이용 메뉴가 별도로 주문 가능한 경우가 있음으로 웨이터에게 문의해 보도록 한다.

3. 계산하기

MP3 06-3

모두 얼마죠?

Ça fait combien au total ?
싸 페 꽁비앙 오 또딸?

계산해 주세요. (레스토랑에서)

L’addition, s’il vous plaît.
라디씨옹, 씰 부 쁠레

L’addition,
s’il vous plaît.

계산은 어디서 하죠?

Où est-ce que je peux payer ?
우 에쓰끄 주 뿨 뻬예?

카드도 되나요?

Est-ce que vous acceptez la carte ?
에쓰끄 부 작쎕떼 라 꺄흐트?

■ 네, 여기 사인 부탁드립니다.

Oui, signez ici, s’il vous plaît.
위, 씨녜 이씨, 씰 부 쁠레

영수증을 주세요.

Le reçu, s’il vous plaît.
르 흐쒸, 씰 부 쁠레

모두 같이 계산해 주세요.

L’addition totale, s’il vous plaît.
라디씨옹 또딸, 씰 부 쁠레

따로 따로 계산해 주세요.

L'addition séparée, s'il vous plaît.
라디씨옹 쎄빠헤, 씰 부 쁠레

계산이 잘못된 것 같은데요.

L'addition n'est pas correcte.
레디씨옹 네 빠 꼬헥뜨

잘 먹었습니다. (접대받은 사람이)

Merci pour le repas.
메흐씨 뿌흐 르 흐빠

식사하기

유용한 단어

rôtie	호띠	석쇠나 숯불에 구운 요리 (그릴)
braisé	브헤제	볶은 후 소량의 물에 푹 끓인 요리
cuit au four	뀌 오 푸흐	오븐에 구운 요리
frit	프히	튀김 요리
cuit à la vapeur	뀌 알라 바뻐흐	수증기로 찐 요리
sauté	소떼	소량의 기름이나 버터에 살짝 볶은 요리
bouilli	부이	물에 푹 삶은 요리

4. 레스토랑에서 1

MP3 06-4

배가 몹시 고파요.

J'ai très faim.
제 트헤 팡

맛있네요.

C'est très bon.
쎄 트헤 봉

정식 2인분 주세요.

Je voudrais 2 menus à prix fixe.
주 부드헤 둬 뭐뉘 아 프히 픽쓰

이건 어떤 요리죠?

Qu'est-ce que c'est que ce plat ?
께쓰끄쎄끄 쓰 쁠라?

이 요리는 전에 먹어 봤어요.

J'ai déjà essayé ce plat.
제 데자 에쎄예 쓰 쁠라

이 요리는 먹어 보지 못했어요.

Je n'ai jamais essayé ce plat.
주 네 자메 에쎄예 쓰 쁠라

후추는 조금만 넣어 주세요.

Ne mettez pas trop de poivre.
느 메떼 빠 트호 드 뿌아브흐

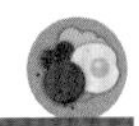

유용한 단어

amer	아메흐	쓴, 떫은
croustillant	크후쓰띠영	바삭바삭한
crémeux	크헤뭐	부드러운
plat, fade	쁠라	밋밋한 (맥주에서 김이 빠진 의미도 됨)
gibier	지비에	사냥한 고기
graisseux	그헤쒀	기름기 있는
épicé, piquant	에삐쎄, 삐껑	매운, 똑 쏘는
juteux	주뚸	수분(즙)이 많은
moelleux	모엘뤄	물기가 촉촉한
au goût de noix	오 구 드 누아	나무 열매 특유의 맛의
riche, épais	히슈, 에뻬	짙은
salé	쌀레	짠
sucré	쒸크헤	단
aigre	에그흐	새콤한, 시큼한
sucré-salé	쒸크헤-쌀레	단짠

5. 레스토랑에서 2

MP3 06-5

금연석으로 부탁합니다.

Je voudrais une table non-fumeur, s'il vous plaît.
주 부드헤 윈 따블르 농-퓌뭐흐, 씰 부 쁠레

이건 디저트가 포함되어 있나요?

Est-ce que le dessert est compris ?
에쓰끄 르 데쎄흐 에 꽁프히?

■ 수프는 어떤 것으로 하시겠어요?

Qu'est-ce que vous voulez comme soupe ?
께쓰끄 부 불레 꼼 쑤쁘?

이걸로 주세요.

Je voudrais prendre celui-ci.
주 부드헤 프헝드흐 쓸뤼-씨

같은 걸로 주세요.

Je prends le même.
주 프헝 르 멤

이 집에서 잘하는 게 뭐죠?

Quelle est votre spécialité ?
껠 에 보트흐 쓰뻬씨알리떼?

■ 고기는 어떻게 해 드릴까요?

Comment voulez-vous votre viande ?
꼬멍 불레-부 보트흐 비엉드?

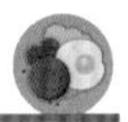

충분히 익혀 / 중간 정도로 익혀 / 살짝 익혀 주세요.

Je la veux bien cuite / à point / saignante.
주 라 붜 비앙 뀌뜨/ 아 뿌앙 / 쎄녕뜨

■ 샐러드 드레싱은 어떤 것으로 하시겠어요?

Quel type de vinaigrette voulez-vous ?
껠 띱 드 비네그헤뜨 불레-부?

저기요, 고기가 너무 탔어요.

Excusez-moi, la viande est trop cuite.
엑쓰뀌제-무아, 라 비엉드 에 트호 뀌뜨

덜 익었어요.

Elle n'est pas assez cuite.
엘 네 빠 아쎄 뀌뜨

■ 죄송합니다. 다른 걸로 드리겠습니다.

Je suis désolé. Je vous apporte une autre.
주 쒸 데졸레. 주 부 아뽀흐트 윈 오트흐

■ 커피 더 하시겠어요?

Voulez-vous plus de café ?
불레-부 쁠뤼쓰 드 꺄페?

물 좀 더 주세요.

Puis-je avoir un peu plus d'eau, s'il vous plaît ?
쀠쥬 아부아흐 앙 쀠 쁠뤼스 도, 씰 부 쁠레?

6. 디저트, 음료주문

MP3 06-6

■ 음료 하시겠습니까?

Est-ce que vous voulez quelque chose à boire ?
에쓰끄 부 불레 껠끄쇼즈 아 부아흐?

커피 주세요.

Un café, s'il vous plaît.
앙 꺄페, 씰 부 쁠레

■ 커피 나왔습니다.

Voici votre café.
부아씨 보트흐 꺄페

■ 디저트는요?

Et comme dessert ?
에 꼼 데쎄흐?

디저트는 됐어요. (거절)

Je ne prendrai pas de dessert.
주 느 프헝드헤 빠 드 데쎄흐

여기서 담배 피워도 되나요?

Est-ce que je peux fumer ici ?
에쓰끄 주 뿨 퓌메 이씨?

재떨이 있어요?

Est-ce que vous avez un cendrier ?
에쓰끄 부 자베 앙 썽드히에?

7. 추가주문 및 트러블

■ 커피 더 드릴까요?

Est-ce que vous voulez encore du café ?
에쓰끄 부 불레 엉꼬흐 뒤 꺄페?

커피 리필 부탁해요.

Est-ce que vous pouvez me servir une autre tasse de café ?
에쓰끄 부 뿌베 므 쎄흐비흐 윈 오트흐 따스 드 꺄페?

물 좀 더 주세요.

De l'eau, s'il vous plaît.
들로, 씰 부 쁠레

와인 한 잔 더 주세요.

Un autre verre de vin, s'il vous plaît.
앙 노트흐 베흐 드 방, 씰 부 쁠레

주문한 게 아직 안 나왔어요.

Je n'ai pas encore reçu ce que j'ai commandé.
주 네 빠 엉꼬흐 흐쒸 쓰 끄 제 꼬멍데

여기 포크 하나 더 부탁해요.

Une autre fourchette, s'il vous plaît.
윈 오트흐 푸흐셰뜨, 씰 부 쁠레

냅킨 좀 더 갖다 주세요.

J'ai besoin de serviettes, s'il vous plaît.
제 브주앙 드 쎄흐비예뜨, 씰 부 쁠레

8. 패스트푸드

MP3 06-8

■ 주문하시겠어요?

Vous désirez ?
부 데지헤?

햄버거 하나랑, 커피 한 잔 주세요.

Un hamburger et un café, s'il vous plaît.
앙 엉붜흐겨흐 에 앙 꺄페, 씰 부 쁠레

치킨 두 조각 주세요.

Deux morceaux de poulet.
둬 모흐쏘 드 뿔레

■ 음료는 뭘로 하시겠어요?

Qu'est-ce que vous voulez comme boisson ?
께쓰끄 부 불레 꼼 부아쏭?

■ 커피, 콜라, 소다, 주스가 있습니다.

Nous avons du café, coca, boisson gazeuse et jus.
누 자봉 뒤 꺄페, 꼬꺄, 부아쏭 가줘즈 에 쥐

■ 여기서 드실 건가요, 아니면 가져가실 건가요?

Vous mangez ici ou c'est à emporter ?
부 멍제 이씨 우 쎄 아 엉보흐떼?

먹고 갈 거예요. / 가져갈 거예요.

Je mange ici. / C'est à emporter.
주 멍주 이씨 / 쎄 따 엉보흐떼

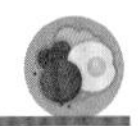

■ 2층에 자리가 있습니다.

Il y a des places disponibles au premier étage.
일리야 데 쁠라쓰 디쓰뽀니블르 오 프흐미에흐 에따주

콜라 리필 되나요?

Est-ce que le coca est illimité ?
에쓰끄 르 꼬꺄 에 일리미떼?

■ 죄송하지만 리필은 안 됩니다.

Je suis désolé, mais il n'y a pas de recharge de coca.
주 쒸 데졸레, 메 일니야 빠 드 흐샤흐쥬 드 꼬꺄

■ 크림, 설탕 다 드릴까요?

Vous voulez de la crème et du sucre ?
부 불레 들라 크헴 에 뒤 쒸크흐?

반으로 좀 잘라 주세요.

Est-ce que vous pouvez le couper en deux ?
에쓰끄 부 뿌베 르 꾸뻬 엉 둬?

여기 앉아도 돼요?

Est-ce que je peux m'asseoir ici ?
에쓰끄 주 뿨 마쑤아흐 이씨?

■ 네, 그러세요. / 아뇨, 자리 있어요.

Oui, vous pouvez. / Non, la place est prise.
위, 부 뿌베 / 농, 라 쁠라쓰 에 프히즈

식사하기

☆ 패스트푸드

버거킹, 맥도날드, KFC, 웬디스 등이 있다.

햄버거 hamburger 엉버흐거흐	샌드위치 sandwich 성드 위치	케밥 kebab 꼐밥
펠라펠 falafel 팔라펠	감자튀김 frites 프히뜨	핫도그 hot dog 옷도그
크레페 crêpe 크헵	아이스크림 glace 글라쓰	핫초코 chocolat chaud 쇼꼴라쑈

냅킨	serviette	쎄흐비에뜨
머핀	muffin	머핀
물티슈	serviette mouillée	쎄흐비에뜨 무이예
스트로	paille	빠이유
음료수	boisson	부아쏭
주스	jus	쥐
케첩	ketchup	껫쳡
콜라	coca	꼬꺄

* 프랑스 길거리에서 파는 맛있는 음식 

Crêpes 크레프(또는 크레페)

브르타뉴 지방에서 유래한 크레페는 오늘날 프랑스인이 가장 사랑하는 디저트 또는 간식으로 자리 잡았다 할 수 있다. 길거리에서 종종 크레페를 파는 노상 판매대를 볼 수 있으며 수많은 크레페 가게들이 있다. 달달한 누텔라를 바른 크레페, 기본으로 설탕과 버터만 넣은 크레페, 여러 가지 과일을 넣은 크레페부터 짭짤한 맛으로 치즈, 햄, 계란 또는 참치를 넣은 크레페까지 다양하고 맛있는 토핑이 있다.

Kebab 케밥

케밥은 엄연히 따지면 프랑스 음식은 아니지만, 프랑스 길거리 음식 중에서 빠질 수 없는 메뉴이다. 크레페만큼은 아니더라도 여기저기 꽤 많은 가게가 있다. 가격대는 일반적으로 5유로에서 7.5유로까지이며, 선택 메뉴가 다양하니 사진에서 보고 빵 종류와 내용물/토핑을 고르면 된다. 보통 케밥을 만들고 마지막에 케첩, 마요네스, 그리고 요거트소스(sauce blanche) 중에서 곁들일 소스를 고르라고 물어보는데 현지 프랑스 사람들은 마요네즈에 감자튀김을 찍어 먹는다. 외국인들은 보통 케첩을 선택한다고 하나 마요네즈와 함께 먹어보는 것도 추천한다.

9. 편의점 이용하기

MP3 06-9

이 근처에 편의점 있어요?

Est-ce qu'il y a une supérette dans le coin ?
에쓰낄리야 윈 쒸뻬헷뜨 덩 르 꾸앙?

미안합니다만, 전 이곳 사람이 아니어서 잘 몰라요.

Je suis désolé, je ne sais pas. Je ne suis pas du quartier.
주 쒸 데졸레, 주 느 쎄 빠. 주 느 쒸 빠뒤 꺄흐띠에

■ 이쪽 방향으로 가면 슈퍼마켓이 있어요.

Il y a une supérette dans cette direction.
일리야 윈 쒸뻬헷뜨 덩 쎗뜨 디헥씨옹

■ 찾으시는 거, 도와드릴까요?

Vous cherchez quelque chose ?
부 셰흐셰 껠끄쇼즈?

두통약을 찾고 있어요.

Je cherche un médicament contre le mal de tête.
주 셰흐슈 앙 메디까멍 꽁트흐 르 말 드 떼뜨

■ 약은 손님 왼편에 있어요.

Le médicament est à votre gauche.
르 메디까멍 에 따 보트흐 고슈

충전기 있어요?

Est-ce que vous avez un chargeur ?
에쓰끄 부 자베 앙 샤흐줘흐?

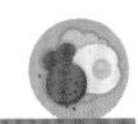

■ 지금 다 떨어졌어요.

Nous n'en avons plus pour le moment.
누 넝 나봉 쁠뤼 뿌흐 르 모멍

10유로짜리를 잔돈으로 바꿔줄 수 있나요?

Est-ce que vous pouvez changer ce billet de 10 euros en monnaie ?
에쓰끄 부 뿌베 셩제 쓰 비예 드 디 줘호 엉 모네?

이거 계산해 주세요.

Ça fait combien ?
싸 페 꽁비앙?

거스름돈은 가지세요.

Gardez la monnaie.
갸흐데 라 모네

Tip 파리의 명물 : 파리의 부키니스트

센강변에는 잡지, 낡은 LP, 헌책 (또는 새 책) 등 다양한 읽을거리를 판매하는 초록색 가판대들을 어렵지 않게 찾아볼 수 있다. 이를 부키니스트라고 부르며 유네스코에서 세계문화유산으로 인정받은 파리의 명물이다. 오래된 책들을 보면서 파리의 오랜 역사를 느낄 수 있다.

10. 빵집

MP3 06-10

이거 오늘 거예요? (대부분은 그날 구운 빵만 판다.)

Est-ce que c'est frais ?
에쓰끄 쎄 프헤?

며칠까지 두고 먹을 수 있어요?

Pendant combien de jours je peux le garder ?
뻥덩 꽁비앙 드 주흐 주 뿨 르 가흐데?

양초도 주나요?

Est-ce qu'il vient avec des bougies ?
에쓰낄 비앙 아벡 데 부쥐?

죄송하지만, 좀 잘라 주시겠어요?

Est-ce que vous pouvez le couper, s'il vous plaît.
에쓰끄 부 뿌베 르 꾸베, 씰 부 쁠레

따로따로 싸 주세요.

Est-ce que vous pouvez les emballer séparément ?
에쓰끄 부 뿌베 레 정발레 쎄빠헤멍?

■ 방금 구워낸 빵입니다.

C'est du pain sortant du four.
쎄 뒤 빵 쏘흐떵 뒤 푸흐

선물할 거니깐 포장해 주세요.

Est-ce que vous pouvez faire un emballage cadeau ?
에쓰끄 부 뿌베 페흐 앙 엉발라주 꺄도?

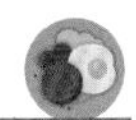

☆ 빵도 여러가지

Baguette 바게뜨 바게트

Croissant 크후아썽 크로와상

Pain au chocolat 빵 오 쑈꼴라 빵 오 쇼콜라 (초코렛 빵)

Pain au raisin (Escargot aux raisins) 빵 오 헤장 건포도빵

Chausson aux pommes 쑈쏭 오 뽐 쇼쏭 오 뽐 (사과페이스츄리)

Pain de mie 빵 드 미 식빵

Benoîton chocolat/ olive 브놔똥 오 쑈꼴라/올리브 브놔통 오 쇼콜라 (초콜렛이 박힌 긴 빵)

Brioche 브히오슈 브리오슈

Le palmier 빨미에 팔미에

Chouquette 쓔께뜨 슈께뜨

Quiche 끼슈 끼슈

크로와상

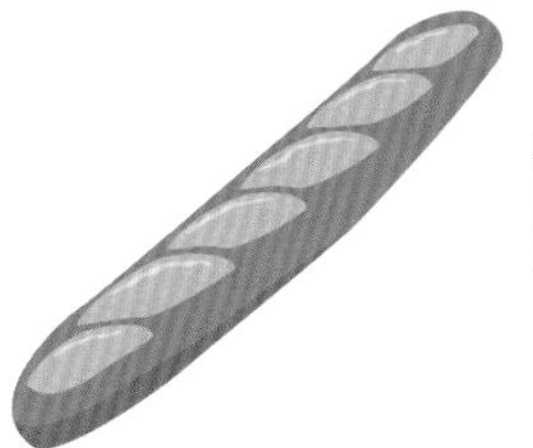

바게트

식빵

11. 술집에서

MP3 06-11

■ 몇 분이십니까?

Combien vous êtes ?
꽁비앙 부 제뜨?

■ 자리로 안내해 드리겠습니다. 따라 오세요.

Je vous montre la table. Suivez-moi.
주 부 몽트흐 라 따블르. 쒸베-무아

창가 자리로 부탁합니다.

Je voudrais une table à côté de la fenêtre.
주 부드헤 윈 따블르 아 꼬떼 들라 프네트흐

■ 자리가 마음에 드십니까?

Est-ce que la table vous plaît ?
에쎄끄 라 따블르 부 쁠레?

■ 우선 마실 것 주문하시겠어요?

Est-ce que vous voulez quelque chose à boire ?
에쓰끄 부 불레 껠끄쇼즈 아 부아흐?

가볍게 한 잔 하고 싶은데요.

Je voudrais boire quelque chose.
주 부드헤 부아흐 껠끄쇼즈

브랜디 한 잔하고, 칵테일 한 잔 주세요.

Un verre de brandy et un cocktail, s'il vous plaît.
앙 베흐 드 브헝디 에 앙 꼭떼일, 씰 부 쁠레

일단 맥주 두 병 주세요.

Deux bouteilles de bière, s'il vous plaît.
뒤 부떼이유 드 비에흐, 씰 부 쁠레

얼음만 넣은 스카치 주세요.

Un scotch avec des glaçons, s'il vous plaît.
앙 스꼿츠 아벡 데 글라쏭, 씰 부 쁠레

이 맥주는 김이 빠진 것 같네요.

Cette bière me semble éventée.
쎗뜨 비에흐 므 썽블르 에벙떼

한국의 카스와 맛이 비슷하네요.

Elle ressemble à la bière coréenne, CASS.
엘 흐썽블르 알라 비에흐 꼬헤엔느, 카스

유용한 단어

와인	vin	방
맥주	bière	비에흐
샴페인	champagne	샹빠뉴
꼬냑	Cognac	꼬냑
부르고뉴	Bourgogne	부흐고뉴
위스키	whisky	위스끼
스트레이트	sec	쎄끄
럼	rhum	험
보드카	vodka	보드까
브랜디	eau-de-vie	오드비

MP3 06-12

안주는 뭐가 좋아요?

Qu'est-ce que vous recommandez comme amuse-bouche ?
께쓰끄 부 흐꼬멍데 꼼 아뮈즈-부슈?

추천해 주세요.

Recommandez-moi quelque chose, s'il vous plaît.
흐꼬멍데-무아 껠끄쇼즈, 씰 부 쁠레

뭐든 추천하는 것으로 주세요.

Je prendrais ce que vous recommandez.
주 프헝드헤 쓰 끄 부 흐꼬멍데

안티파스토로 주세요. (안티파스토란 이탈리안 음식으로 안주로 먹기 좋은 각종 절임류 반찬들을 한 접시에 담아 내오는 메뉴.)

Je prendrai l'antipasti.
주 프헝드헤 렁띠빠쓰띠

땅콩 같은 것 있어요?

Est-ce que vous avez des cacahuètes ?
에쓰끄 부 자베 데 꺄꺄우에뜨?

그럼, 이걸로 주세요.

Je prendrai celui-ci, alors.
주 프헝드헤 쓸뤼-씨, 알로흐

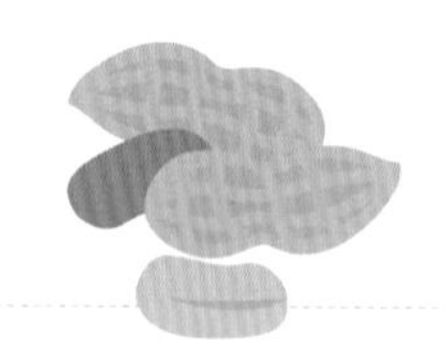

식사가 될 만한 것 있어요?

Est-ce qu'il y a un plat qui peut servir de repas ?
에쓰낄리야 앙 쁠라 끼 뾔 쎄흐비흐 드 흐빠?

☆ 프랑스인이 즐겨 먹는 치즈 종류

Camembert	까망베르
꺄멍베흐	흰 곰팡이 핀 연성치즈
Emmental	에멘탈
에멍딸	호두와 유사한 맛이 나는 원반형 경성치즈
Comté	꽁떼
꽁떼	소의 생유로 만드는 가열 압착 치즈
Brie	브리
브히	젖소의 우유로 만든 부드러운 치즈
Fromage bleu	블루치즈
프호마쥬 블뤄	푸른곰팡이에 의해 숙성하는 자연 치즈
Gruyère	그뤼예르
그휘예흐	치즈 퐁듀와 라클레트에 자주 사용되는 치즈

MP3 06-13

■ 맛이 어때요?

C'est comment ?
쎄 꼬멍?

약간 쓴데요.

C'est un peu amer.
쎄 땅 뻑 아메흐

아주 맛있어요.

C'est très bon.
쎄 트헤 봉

약간 독한 것 같아요.

C'est un peu fort.
쎄 앙 뻑 포흐

취할 것 같애. (혼잣말)

J'ai trop bu.
제 트호 뷔

건배!

Tchin-tchin ! / À la vôtre ! Santé !
친-친! / 알라 보트흐! / 썽떼!

술은 좀 하는 편이세요?

Est-ce que vous buvez beaucoup ?
에쓰끄 부 뷔베 보꾸?

예, 꽤 마십니다.

Oui, je bois beaucoup.
위, 주 부아 보꾸

술이 세시군요.

Vous buvez beaucoup.
부 뷔베 보꾸

술은 전혀(조금도) 못 해요.

Je ne bois pas d'alcool.
주 느 부아 빠 달꼬올

많이 못 마셔요.

Je ne bois pas beaucoup.
주 느 부아 빠 보꾸

여기요, 백포도주 한 잔 주세요.

Excusez-moi, un verre de vin blanc, s'il vous plaît.
엑쓰뀌제-무아, 앙 베흐 드 방 블렁, 씰 부 쁠레

■ 어떻게 만들어 드릴까요?

Comment vous le voulez ?
꼬멍 부 르 불레?

얼음만 넣어서 주세요.

Avec des glaçons, s'il vous plaît.
아벡 데 글라쏭, 씰 부 쁠레

식사하기

14. 분위기 · 계산

MP3 06-14

분위기가 아주 좋군요.

J'aime bien l'ambiance ici.
젬 비앙 렁비엉쓰 이씨

유명한 곳이에요?

Est-ce que c'est un endroit connu ?
에쓰끄 쎄 땅 엉드롸 꼬뉘?

(종업원들이) 아주 친절하네요.

Ils sont très gentils.
일 쏭 트헤 정띠유

다음에 또 와 보고 싶어요.

Je voudrais bien revenir encore une fois.
주 부드헤 비앙 흐브니흐 엉꼬흐 윈 푸아

여기 계산서 주세요.

L'addition, s'il vous plaît.
라디씨옹, 씰 부 쁠레

이번에는 제가 낼게요.

Je vous invite, cette fois-ci.
주 부 장비뜨, 쎗뜨 푸아-씨

잘 마셨습니다.

Merci pour la boisson.
메흐씨 뿌흐 라 부아쏭

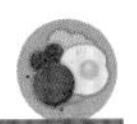

다음에는 제가 살게요.

Je vous invite la prochaine fois.
주 부 장비뜨 라 프호셴느 푸아

더치페이로 합시다.

Chacun paye sa boisson.
샤깡 뻬이 싸 부아쏭

나누어 냅시다.

Partageons l'addition.
빠흐따죵 라디씨옹

거스름돈은 가지세요.

Gardez la monnaie.
갸흐데 라 모네

☆ 계산 방식에 대해

계산을 따로따로 할까요?	Vous voulez l'addition séparée ?
계산서는 하나로 해 주세요.	Une seule addition, s'il vous plaît.
제가 계산하겠어요.	Je vous invite.
계산은 반반씩 합시다.	Payons moitié-moitié.
각자 지불합시다.	Payons chacun sa part.

07

쇼핑하기

프랑스에서는 매년 여름과 겨울에 한 번씩 대대적인 세일을 합니다.
세일기간을 잘 맞추어 방문하게 되면 아주 좋은 가격으로 좋은 물건을 구할 수 있어요. 매년 세일기간이 미리 공개되니 참고해서 가시면 좋아요.

1. 기본표현

MP3 07-1

■ 도와드릴까요?

Comment je peux vous aider ?
꼬멍 주 뿨 부 제데?

■ 찾으시는 거라도 있으세요?

Vous cherchez quelque chose ?
부 셰흐셰 껠끄쇼즈?

구경 좀 할게요.

Je suis en train de regarder.
주 쒸 정 트항 드 흐갸흐데

이것 좀 보여 주세요.

Est-ce que je peux voir celui-ci ?
에쓰끄 주 뿨 부아흐 쓸뤼-씨?

■ 잠시만 기다리세요.

Un moment, s'il vous plaît.
앙 모멍, 씰 부 쁠레

이거 얼마예요?

C'est combien ?
쎄 꽁비앙?

다른 색깔이 있어요?

Est-ce qu'il y en a en d'autre couleur ?
에쓰낄리야 엉 아 엉 도트흐 꿀뤄흐?

가방 매장은 어디죠?

Où est-ce qu'on peut acheter des valises ?
우 에쓰꽁 쀠 아슈떼 데 발리즈?

엘리베이터는 어디에 있어요?

Où est l'ascenseur ?
우 에 라썽쒀흐?

화장실은 어디에 있어요?

Où sont les toilettes ?
우 쏭 레 뚜알레뜨?

여기 몇 시에 문 닫죠?

À quelle heure vous fermez ?
아 껠 어흐 부 페흐메?

할인되나요?

Est-ce que vous faites une réduction ?
에쓰끄 부 페뜨 윈 헤뒥씨옹?

비싸다. / 싸다.

C'est cher. / Ce n'est pas cher. (C'est bon marché)
쎄 셰흐 / 쓰 네 빠 셰흐 (쎄 봉 마흐셰)

좀더 큰 것(작은 것) 있어요?

Est-ce qu'il y a en plus grand / (petit ?)
에쓰낄리야 엉 쁠뤼 그랑 / (쁘띠?)

☆ 쇼핑 필수 단어

가격	prix	프히
가격표에서 50% 할인	50% de réduction sur le prix affiché 쌍껑뜨 뿌흐썽 드 헤뒥씨옹 쒸흐 르 프히 아피셰	
거스름돈	monnaie	모네
계산대	caisse	께쓰
골동품점	magasin d'antiquités	마갸장 덩띠끼떼
교환	change	셩쥬
99센트 할인매장	magasin a prix unique	마갸장 아 프히 위니끄
균일 가격	prix unique	프히 위니끄
떨이 판매	solde	쏠드
매장	magasin	마갸장
면세점	boutique hors taxe	부띠끄 오흐 딱쓰
명품점	boutique de luxe	부띠끄 드 뤽쓰
반품	retour	흐뚜흐
밧데리 별도	piles non comprises	삘 농 꽁프히즈
백화점	grand magasin	그형 마갸장
벼룩시장	marché à puce	마흐셰 아 쀠쓰
비매품	pas à vendre	빠 자 벙드흐
상인	commerçant	꼬메흐썽
서점	librairie	리브헤히
선물 가게	boutique de cadeaux	부띠끄 드 꺄도
세금 별도	taxe non comprise	딱쓰 농 꽁프히즈
세금 포함	taxe comprise	딱쓰 꽁프히즈

세일 가격	prix soldé	프히 쏠데
세일 중	en solde	엉 쏠드
소비세	taxe de vente	딱쓰 드 벙뜨
손님	client	끌리엉
슈퍼마켓	supermarché	쒸뻬흐마흐쉐
시장	marché	마흐쉐
식료품점	épicerie	에삐쓰히
신용카드	carte bleu	꺄흐뜨 블뤄
영수증	reçu	흐쒸
의류 용품점	magasin de vêtement	마갸장 드 베뜨멍
잔돈	monnaie	모네
잡화점	bazar	바자흐
재고 정리 세일	déstockage	데쓰또꺄쥬
정상 가격	prix original	프히 오히지날
지불하다	payer	뻬예
카드 결제	payer par carte	뻬예 빠흐 꺄흐뜨
탈의실	cabine d'essayage	꺄빈 데쎄야쥬
판매사원	vendeur	벙둬흐
폐업 세일	vente de liquidation	벙뜨 드 리끼다씨옹
할인	réduction	헤뒥씨옹
환불	remboursement	헝부흐쓰멍
현찰지불	payer en espèce	뻬예 엉 네쓰뻬쓰
1+1	deux au prix d'un	둬 오 프히 덩

쇼핑하기

2. 계산과 포장

MP3 07-2

모두 얼마예요?

C'est combien au total ?
쎄 꽁비앙 오 또딸?

■ 360유로입니다.

360 euros.
트후아썽쑤아썽트 어호

이 카드도 받나요?

Vous acceptez les cartes ?
부 작끄쎕떼 레 꺄흐뜨?

■ 여기 사인 부탁합니다.

Signez ici, s'il vous plaît.
씨녜 이씨, 씰 부 쁠레

영수증 주세요.

Le reçu, s'il vous plaît.
르 흐쒸, 씰 부 쁠레

선물용이니까 포장해 주세요.

Pouvez-vous me faire un emballage cadeau ?
뿌베-부 므 페흐 앙 엉발라주 꺄도?

따로따로 포장해 주세요.

Emballez-les séparément.
엉발레-레 쎄바헤멍

죄송해요. 돈이 모자라네요.

Je suis désolé, je n'ai pas suffisamment d'argent.
주 쒸 데졸레, 주 네 빠 쒸피자멍 다흐정

좀 깎아 주세요.

Vous me faites une remise ?
부 므 페뜨 윈 흐미즈?

■ 많이 깎아 드린 겁니다.

C'est déjà à prix réduit.
쎄 데자 아 프히 헤뒤

그럼 300유로에 해 주세요.

Vous me faites à 300 euros ?
부 므 페뜨 아 트후아썽 어호?

■ 더 이상은 할인이 안 됩니다.

Ce n'est pas possible de baisser encore le prix.
쓰 네 빠 뽀씨블르 드 베쎄 엉꼬흐 르 프히

■ 정찰제입니다.

C'est à prix fixe.
쎄 따 프히 픽쓰

이건 계산한 거예요.

J'ai déjà payé pour celui-ci.
제 데자 뻬예 뿌흐 쓸뤼-씨

3. 세금공제 · 배달

MP3 07-3

면세 확인은 어디서 받나요?

Où est-ce que je confirme les duty free ?
우 에쓰끄 주 꽁피흐므 레 뒤띠 프히?

세금을 환급받을 수 있나요?

Est-ce que la taxe est remboursable ?
에쓰끄 라 딱쓰 에 헝부흐싸블르?

명품을 쇼핑하고 싶은데요.

Je voudrais acheter des produits de luxe.
주 부드헤 아슈떼 데 프호뒤 들 룩스

이 물건을 한국으로 수송해 줄 수 있나요?

Est-ce possible de l'envoyer en Corée ?
에쓰 뽀씨블르 드 렁부아예 엉 꼬헤?

항공편으로 좀 부쳐 주세요.

Est-ce que vous pouvez l'envoyer par avion ?
에쓰끄 부 뿌베 렁부아예 빠흐 아비옹?

수수료가 얼마죠?

Combien ça coûte ?
꽁비앙 싸 꾸뜨?

호텔까지 배달해 주실 수 있나요?

Est-ce que vous pouvez l'envoyer à l'hôtel ?
에쓰끄 부 뿌베 렁부아예 아 로뗄?

4. 반품 · 교환

이거 반품되나요?

Est-ce que je peux le retourner ?
에쓰끄 주 쀠 르 흐뚜흐네?

이거 환불해 주시겠어요?

Est-ce que vous pouvez me le rembourser ?
에쓰끄 부 뿌베 므 르 헝부흐쎄?

어제 / 아까 산 거예요.

Je l'ai acheté hier / tout à l'heure.
주 레 아슈떼 이에흐 / 뚜딸러흐

다른 물건으로 바꿔 주세요.

Je voudrais l'échanger avec un autre.
주 부드헤 레셩제 아벡 아노트흐

■ 영수증 갖고 계세요?

Est-ce que vous avez le reçu ?
에쓰끄 부 자베 르 흐쒸?

작동이 안 돼요. / 움직이지 않아요.

Il ne fonctionne pas. / Il ne bouge pas.
일 느 퐁씨온느 빠 / 일 느 부즈 빠

■ 죄송합니다만, 이건 반품이 안 됩니다.

Je suis désolé, mais ce n'est pas remboursable.
주 쒸 데졸레, 메 쓰 네 빠 헝부흐싸블르

5. 전자제품매장에서

MP3 07-5

■ 무엇을 찾으세요?

Qu'est-ce que vous cherchez ?
께쓰끄 부 셰흐셰?

카메라 있어요?

Est-ce que vous avez des caméras ?
에쓰끄 부 자베 데 꺄메하?

이건 프랑스산이에요?

C'est fabriqué en France ?
쎄 파브히께 엉 프헝쓰?

한국에서 서비스 받을 수 있어요?

Est-ce que je peux recevoir des services après-vente en Corée ?
에쓰끄 주 뿨 흐쓰부아흐 데 쎄흐비쓰 아프헤-벙뜨 엉 꼬헤?

연락처를 알려 주세요.

Est-ce que je peux avoir votre contact ?
에쓰끄 주 뿨 아부아흐 보트흐 꽁딱뜨?

한국에서도 사용할 수 있어요?

Est-ce que je peux l'utiliser en Corée ?
에쓰끄 주 뿨 뤼띨리제 엉 꼬헤?

이거 면세 되나요?

Est-ce que c'est hors taxe ?
에쓰끄 쎄 오흐 딱쓰?

예산은 천 유로 정도로 생각하고 있어요.

Mon budget est d'environ 1000 euros.
몽 뷛제 에 덩비홍 밀 어호

이건 어떤 기능이 있어요?

Qu'est-ce qu'il a comme fonction ?
께쓰낄아 꼼 퐁씨옹?

이건 별도 판매예요?

Est-ce que je dois l'acheter séparément ?
에쓰끄 주 두아 라슈떼 쎄빠헤멍?

유용한 단어

가전제품	appareil électroménager	아빠헤유 엘렉트호 메나제
디지털	numérique	뉘메힉
부속품	pièce	피에쓰
시계	montre(손목시계) / horloge	몽트흐 / 오흘로주
휴대폰	(téléphone) portable	(뗄레폰) 뽀흐따블르
카메라	caméra	까메하
태블릿	tablette	따블렛

Tip 프랑스의 음반가게 fnac

fnac(프낙)에서는 도서, 음반, 문구 외에도 전자제품이나 티켓 서비스도 제공하고 있으며 프랑스 전역과 다른 나라에도 매장이 있다. 문화제품 및 가전제품을 종합적으로 판매하는 곳이며 파리에만 백개가 넘는 매장이 있다.

6. 패션매장에서

MP3 07-6

가디건 같은 건 몇 층에 있어요?

À quel étage sont les cardigans ?

아 껠 에따주 쏭 레 까흐디겅?

입어봐도 돼요?

Est-ce que je peux l'essayer ?

에쓰끄 주 뿨 레쎄예?

요즘 어떤 스타일이 유행해요?

Qu'est-ce qui est à la mode ?

께쓰끼에 딸라 모드?

저한테는 좀 크네요.

C'est un peu grand pour moi.

쎄 땅 뿨 그헝 뿌흐 무아

좀더 작은 것으로 보여 주세요.

Est-ce que vous l'avez en plus petit ?

에쓰끄 부 라베 엉 쁠뤼 쁘띠?

이게 맞네요

Ça me va.

싸 므 바

■ 손님께 아주 잘 어울리시네요.

Ça vous va très bien.

싸 부 바 트헤 비앙

헐렁헐렁하네요. / 너무 꽉 끼네요.

C'est trop ample. / C'est trop serré.
쎄 트호 엉쁠르 / 쎄 트호 쎄헤

너무 길어요. / 너무 짧아요.

C'est trop long. / C'est trop court.
쎄 트호 롱 / 쎄 트호 꾸흐

이 블라우스는 치마와 어울리지 않는군요.

Ce chemisier ne va pas très bien avec cette jupe.
쓰 슈미지에 느 바 빠 트헤 비앙 아벡 쎗뜨 쥐쁘

이것으로 할게요.

Je prends celui-ci.
주 프헝 쓸뤼-씨

쇼핑하기

유용한 단어

셔츠	chemise	슈미즈
스웨터	pull-over	뿰-오버흐
양말	chaussettes	쇼쎄뜨
양복	costume	꼬스뜀
잠바	blouson	블루종
바지	pantalon	뻥딸롱
진	jeans	진스
치마	jupe	쥐쁘
코트	manteau	멍또

7. 서점에서

MP3 07-7

이런 책을 찾고 있는데요. (메모를 보여 주면서)

Je cherche ce livre.
주 셰흐슈 쓰 리브흐

「어린 왕자」라는 책은 어디에 있어요?

Où est le livre "le Petit Prince" ?
우 에 르 리브흐 "르 쁘띠 프항쓰"?

의학 관련 책은 어디 있어요?

Où sont les livres sur la médecine ?
우 쏭 레 리브흐 쒸흐 라 메드씬?

■ 여기서 계산하고 나서 2층으로 가야 합니다. (다른 층으로 갈 때)

Vous devez payer ici avant d'aller au premier étage.
부 드베 뻬예 이씨 아벙 달레 오 프허미에흐 에따쥬

■ 전부 75유로입니다.

Ça fait 75 euros au total.
싸 페 쏴썽꺙쥐호 오 또딸

■ 여기 거스름돈 25유로입니다.

Voici votre monnaie, 25 euros.
봐씨 보트흐 모네, 방쌍끄 어호

감사합니다.

Merci.
메흐씨

경제	livre de finance	리브흐 드 피넝쓰
공상/과학소설	fantaisie et science-fiction	펑떼지 에 씨엉쓰 픽씨옹
단행본	livre en un volume	리브흐 엉 앙 볼륌
만화	bandes dessinées	벙드 떼씨네
미술	arts	아흐
베스트셀러	best-seller	베스뜨 셀러흐
사진	photos	포또
어린이 도서	livres pour enfants	리브흐 뿌흐 엉펑
어학	langues	렁그
여행	voyages	부아야주
오락/연예	divertissement	디베흐띠쓰멍
잡지	magazine	마가진
저자	auteur	오뚸흐
참고 서적	référence	헤페헝쓰
출판사	maison d'édition	메종 데디씨옹
추리/괴기소설	roman policier / de mystère	호멍 뽈리씨에 / 드 미쓰떼흐

Tip 파리의 대표적인 서점

파리의 대표적인 대형서점으로는 "Gibert Jeune"과 "Gibert Joseph", 그리고 Fnac이 있다. Gibert Joseph는 소르본 대학 앞에 위치해 있어 현지의 학생들 뿐 아니라 외국인들과 관광객들도 자주 이용한다. 이 외에 프랑스에는 작은 동네 책방들도 많이 있다.

8. 화장품

MP3 07-8

이거랑 같은 화장품 있어요?

Est-ce que vous avez le même produit que celui-ci ?
에쓰끄 부 자베 르 멤 프호뒤 끄 쓸뤼-씨?

■ 그 제품은 이제 안 나옵니다.

Nous avons cessé la production.
누 자봉 쎄쎄 라 프호뒥씨옹

이거랑 비슷한 제품이 있으면 보여 주세요.

Est-ce que vous avez un produit similaire ?
에쓰끄 부 자베 앙 프호뒤 씨밀레흐?

향수 좀 보여 주세요.

Est-ce que je peux essayer les parfums ?
에쓰끄 주 뿨 에쎄예 레 빠흐팡?

테스트용 제품 있어요?

Est-ce que vous avez des échantillons ?
에쓰끄 부 자베 데 제샹띠용?

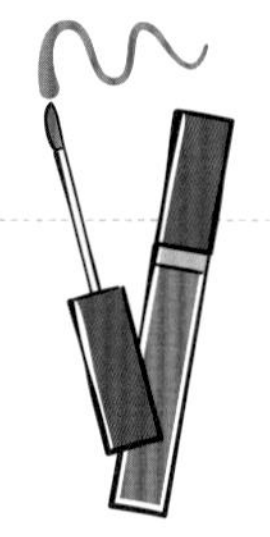

■ 손님께는 이게 맞으실 것 같습니다.

Je pense que celui-ci vous ira bien.
주 뻥쓰 끄 쓸뤼-씨 부 지하 비앙

■ 이건 덤으로 드리는 거예요.

C'est un cadeau pour vous.
쎄 땅 꺄도 뿌흐 부

건성 피부용	peau sèche	뽀 세슈
립스틱	rouge à lèvres	루즈 라 레브흐
민감성 피부	peau sensible	뽀 썽시블르
영양 크림	crème nourrissante	크헴 누히썽뜨
자외선 차단	écran solaire	에크헝 쏠레흐
지성 피부용	peau grasse	뽀 그하쓰
클렌징 크림	crème lavante	크헴 라벙뜨
파운데이션	fond de teint	퐁 드 땅
화장품	produits cosmétiques	프호뒤 꼬쓰메띡

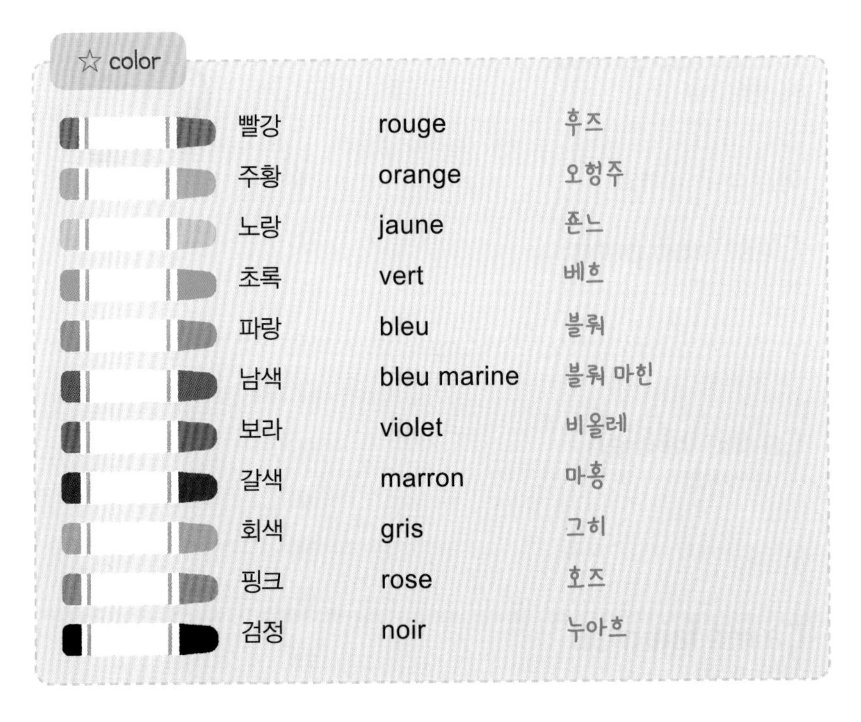

☆ color

빨강	rouge	후즈
주황	orange	오헝주
노랑	jaune	죤느
초록	vert	베흐
파랑	bleu	블뤄
남색	bleu marine	블뤄 마힌
보라	violet	비올레
갈색	marron	마홍
회색	gris	그히
핑크	rose	호즈
검정	noir	누아흐

9. 구두 · 잡화

MP3 07-9

■ 발 크기가 어떻게 되세요?

Quelle est votre pointure ?
껠 에 보트흐 뿌앙뛰흐?

좀 더 큰 걸로 주세요.

Je voudrais plus grandes.
주 부드헤 쁠뤼 그헝드

거울을 볼 수 있나요?

Je peux vérifier dans le miroir ?
쭈 뿨 베히피에 덩 르 미후아흐?

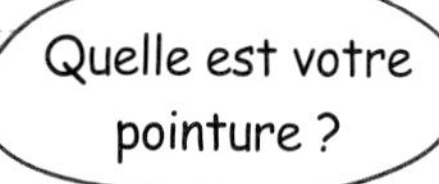

이건 너무 커요.

C'est trop grand.
쎄 트호 그헝

이건 너무 작아요.

C'est trop petit.
쎄 트호 쁘띠

딱 맞아요.

Ça me va bien.
싸 므 바 비앙

아파요.

Ça me fait mal.
싸 므 페 말

이 신발은 방수가 되나요?

Est-ce que c'est imperméable ?
에쓰끄 쎄 앙뻬흐메아블르

지금 유행하고 있는 스타일은 어느 것이에요?

Qu'est-ce qui est à la mode ?
께쓰끼에 알라 모드?

작은 손가방이 하나 필요해요.

J'ai besoin d'un petit sac à main.
제 브주앙 당 쁘띠 싹까망

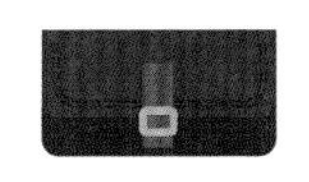

동전지갑	porte-monnaie	뽀흐뜨-모네
모자	chapeau	샤뽀
손가방	besace	브자쓰
쇼핑백	sac de shopping	싹 드 쇼삥
액세서리	accessoires	악쎄쑤아흐
여행 가방	valise	발리즈
장갑	gants	겅
종이 가방	sac en papier	싹껑빠삐에
지갑	porte-feuille	뽀흐뜨-풔유
핸드백	sac à main	싹까망

10. 귀금속

🎧 MP3 07-10

이건 어디 거예요?

Où est-ce que c'est fabriqué ?
우 에쓰끄 쎄 파브히께?

순금이에요?

C'est en or ?
쎄떵 오흐?

18K / 14K / 도금 / 화이트골드입니다.

C'est du 18K / 14K / placage / or blanc.
쎄 뒤 디쥐꺄 / 꺄또흐즈꺄 / 쁠라꺄쥬 / 오흐 블렁

이것 좀 보여 주세요.

Est-ce que je peux voir celui-ci ?
에쓰끄 주 뿨 부아흐 쓸뤼-씨?

다른 것도 보여 주세요.

Je voudrais également voir les autres.
주 부드헤 에걀르멍 부아흐 레 조트흐

포장 좀 해 주세요.

Est-ce que vous pouvez faire un emballage ?
에쓰끄 부 뿌베 페흐 앙 엉발라쥬?

이거 진짜예요?

Est-ce que c'est authentique ?
에쓰끄 쎄 오떵띠끄?

세트로 얼마예요?

L'ensemble coûte combien ?
렁성블르 꾸뜨 꽁비앙?

짧게 해 주세요. (줄이 길 때)

Est-ce que vous pouvez le raccourcir ?
에쓰끄 부 뿌베 르 하꾸흐씨흐?

☆ 귀금속 관련용어

귀걸이 boucle d'oreille 부끌르 도헤유	반지 bague 바그	목걸이 collier 꼴리에
팔찌 bracelet 브하쓸레	발찌 bracelet de cheville 브하쓸레 드 슈비유	이미테이션 pierre synthétique 삐에흐 쌍떼띡
메달 pendentif 뻥덩삐프	알 perle 뻬흘르	줄 fil 필

쇼핑하기

11. 안경점에서

MP3 07-11

안경을 맞춰 주세요.

Je voudrais des lunettes.
주 부드헤 데 뤼네뜨

오른쪽 렌즈를 잃어버렸어요.

J'ai perdu ma lentille droite.
제 뻬흐뒤 마 렁띠유 드화뜨

■ 시력을 재야 합니다.

Je dois vérifier votre vision.
주 돠 베히피에 보트흐 비지옹

■ 잘 보이십니까?

Vous voyez bien ?
부 부아예 비앙?

가격이 얼마나 될까요?

Combien ça coûte ?
꽁비앙 싸 꾸뜨?

테는 이걸로 보여 주세요.

Je voudrais voire cette monture.
주 부드헤 부아흐 쎗뜨 몽뛰흐

■ 잘 보이는지 한번 껴 보세요.

Essayez-les pour vérifier si vous voyez bien.
에쎄예-레 뿌흐 베히피에 씨 부 부아예 비앙

도수가 너무 높아요.

La correction est trop forte.
라 꼬헥씨옹 에 트호 포흐뜨

잘 안 보여요.

Je ne vois pas très bien.
주 느 부아 빠 트헤 비앙

어지러워요,

J'ai la tête qui tourne.
제 라 떼뜨 끼 뚜흐느

렌즈 세척액도 주세요.

Je voudrais également des nettoyants de lunettes.
주 부드헤 에갈르멍 데 네뚜아영 드 뤼네뜨

■ 이건 덤으로 드리는 거예요.

C'est un cadeau pour vous.
쎄 땅 까도 뿌흐 부

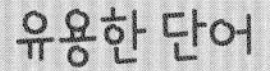

렌즈 케이스	étui pour lentilles	에뛰 뿌흐 렁띠유
선글라스	lunettes de soleil	뤼네뜨 드 쏠레유
식염수	solution saline	쏠뤼씨옹 쌀린
안경	lunettes	뤼네뜨
안경테	monture (de lunettes)	몽뛰흐 (드 뤼네뜨)
콘텍트 렌즈	lentilles (de contact)	렁띠유 (드 꽁딱뜨)

12. 음반씨디매장에서

MP3 07-12

애니메이션 DVD는 어디에 있어요?

Où sont les dessins animés en DVD ?
우 쏭 레 데쌍 아니메 엉 데베데?

디즈니 영화는 어디 있어요?

Où sont les films Disney ?
우 쏭 레 필름 디즈네?

새로 나온 거예요?

Est-ce que c'est nouveau ?
에쓰끄 쎄 누보?

지금 나오는 음악은 누구 거예요?

Qui est l'artiste de cette musique ?
끼 에 라흐띠스뜨 드 쎗뜨 뮈직끄?

외국 영화는 어느 쪽에 있어요?

Où sont les films étrangers ?
우 쏭 레 필름 에트헝제?

지금 가장 인기 있는 가수는 누구예요?

Qui sont les artistes les plus célèbres ?
끼 쏭 레 자흐띠스뜨 레 쁠뤼 쎌레브흐?

들어볼 수 있어요?

Est-ce que je peux écouter ?
에쓰끄 주 뿨 에꾸떼?

08

은행우편

프랑스에서 은행업무를 보는 법과 우편을 보내는 법을 알아보아요.

1. 은행에서

MP3 08-1

■ 번호표를 뽑아 자기 차례를 기다리세요.

Prenez un ticket avec un numéro dans la file d'attente.
프허네 앙 띠께 아벡깡 뉘메호 덩 라 필 다떵뜨

■ 갖고 계시는 번호가 불려지면 창구 쪽으로 오세요.

Quand votre numéro est affiché, allez vers le guichet.
껑 보트흐 뉘메호 에 아피셰, 알레 베흐 르 기셰

계좌를 개설하고 싶은데요.

Je voudrais ouvrir un compte bancaire.
주 부드헤 우브히흐 앙 꽁뜨 벙께흐

한국에서 송금을 받아야 해요.

Je dois recevoir un virement.
주 두아 흐쓰부아흐 앙 비흐멍

■ 저희 은행에 계좌가 있나요?

Est-ce que vous avez un compte ici ?
에쓰끄 부 자베 앙 꽁뜨 이씨?

지금 바로 됩니까?

Est-ce que je peux le faire maintenant ?
에쓰끄 주 뿨 르 페흐 망뜨넝?

이쪽으로 송금을 하고 싶은데요. (계좌번호를 보여 주면서)

Je voudrais faire un virement vers ici.
주 부드헤 페흐 앙 비흐멍 베흐 이씨

이거 유로로 환전해 주세요.

Je voudrais le changer en euros.
주 부드헤 르 셩제 엉 너호

지폐를 동전으로 바꿔 주세요.

Je voudrais changer les billets en monnaies.
주 부드헤 셩제 레 비예 엉 모네

■ 신분증은 가지고 계세요?

Est-ce que vous avez votre pièce d'identité ?
에쓰끄 부 자베 보트흐 삐에쓰 디덩띠떼?

유용한 단어

계좌번호	numéro de compte	뉘메로 드 꽁뜨
비밀번호	mot de passe	모드빠쓰
송금	virement	비흐멍
신분증	pièce d'identité	삐에쓰 디덩띠떼
여권번호	numéro de passeport	뉘메호 드 빠쓰뽀흐
이자	intérêt	앙떼헤
인출	retrait	흐트헤
입금	dépôt	데뽀
잔고	solde	쏠드
환전	change	셩즈

2. 우체국에서 1

MP3 08-2

이거, 한국으로 보내고 싶은데요.

Je voudrais envoyer ça en Corée.
주 부드헤 엉부아예 싸 엉 꼬헤

항공편으로요. / 선편으로요. / EMS로요.

Par avion / bateau / EMS.
빠흐 아비옹 / 바또 / 으엠에스

비용이 얼마죠?

Ça coûte combien ?
싸 꾸뜨 꽁비앙?

도착하는 데 며칠 걸리죠?

Combien de temps ça prend pour y arriver ?
꽁비앙 드 떵 싸 프헝 뿌흐 이 아히베?

오늘 부치면 언제 도착하죠?

Quand est-ce que le colis arrive si je l’envoie aujourd’hui ?
껑떼쓰끄 르 꼴리 아히브 씨 주 렁부아 오주흐뒤?

■ 내용물이 뭐죠?

Qu’est-ce qu’il y a à l’intérieur ?
께쓰낄리야 아 랑떼히여흐?

책이에요. / 옷이에요.

Des livres. / Des habits.
데 리브흐 / 데 자비

☆ 우체국에서 필요한 말

깨지기 쉬운 것	objet fragile	오브제 프하질
기념품	souvenir	수브니흐
등기 우편	recommandé	흐꼬멍데
받는 사람	destinataire	데쓰띠나떼흐
보내는 사람	expéditeur	엑쓰뻬디뚸흐
샘플	échantillon	에셩띠용
서류	document	도뀌멍
소포	colis	꼴리
엽서	carte postale	꺄흐뜨 뽀쓰딸
우표	timbre	땅브흐
인쇄물	document imprimé	도뀌멍 앙프히메
주소	adresse	아드헤쓰
취급주의	manipuler avec précaution	마니쀨레 아벡 프헤꼬씨옹
편지	lettre	레트흐
항공 우편	courrier aérien	꾸히에 아에히앙

3. 우체국에서 2

MP3 08-3

등기로 보내 주세요.

Je voudrais l'envoyer par lettre recommandée.
주 부드헤 렁부아예 빠흐 레트흐 흐꼬멍데

속달 / 보통으로 보내 주세요.

Je voudrais l'envoyer par express / normal.
주 부드헤 렁부아예 빠흐 엑쓰프헤쓰 / 노흐말

기념 우표 있어요?

Est-ce que vous avez des timbres commémoratifs ?
에쓰끄 부 자베 데 땅브흐 꼬메모하띠프?

그림 엽서 주세요.

Je voudrais des cartes postales.
주 부드헤 데 꺄흐뜨 뽀스딸

어느 용지에 쓰면 되나요?

Où est-ce qu'il faut écrire ?
우 에쓰낄 포 에크히흐?

작성법을 가르쳐 주세요.

Pouvez-vous me montrer comment le remplir ?
뿌베-부 므 몽트헤 꼬멍 르 헝쁠리흐?

우편 번호를 몰라요.

Je ne sais pas le code postal.
주 느 쎄 빠 르 꼬드 뽀쓰딸

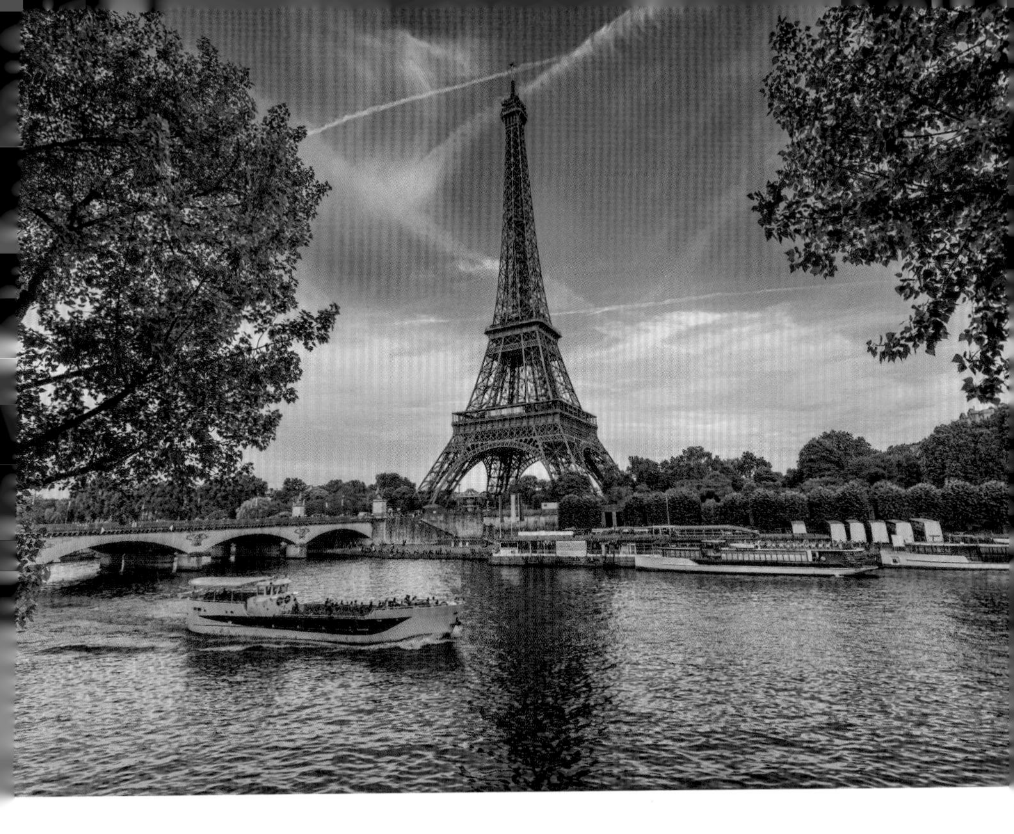

09

관광하기

여러분 마음속에 담아둔 최고의 여행지는 어디인가요?
가장 즐거웠던 관광지는 어디인지 알려주세요!

1. 관광안내소에서

MP3 09-1

개선문에 구경 가고 싶은데요.

Je voudrais visiter l'Arc de triomphe.
주 부드헤 비지떼 라흐끄 드 트히옹프

어떻게 가면 되죠?

Comment je peux y aller ?
꼬멍 주 뿨 이 알레?

거기 가는 버스표는 어디서 구입할 수 있어요?

Où est-ce que je peux acheter un billet de bus pour y aller ?
우 에쓰끄 주 뿨 아슈떼 앙 비예 드 뷔스 뿌흐 이 알레?

두 사람이면 비용이 얼마나 들까요?

Ça coûte combien pour deux personnes ?
싸 꾸뜨 꽁비앙 뿌흐 둬 뻬흐쏜?

단체로 같이 가고 싶은데요.

Je voudrais y visiter en groupe.
주 부드헤 이 비지떼 엉 그훕

당일치기로 다녀 올 수 있나요?

Est-ce que je peux y aller et revenir en une journée ?
에쓰끄 주 뿨 이 알레 에 흐브니흐 엉 윈 주흐네?

어떤 코스가 있어요?

Quels sont les parcours possibles ?
껠 쏭 레 빠흐꾸흐 뽀씨블르?

■ 어디를 구경하고 싶으세요?

Où est-ce que vous voulez visiter ?
우 에쓰끄 부 불레 비지떼?

모두 포함해서 얼마예요?

Quel est le prix total ?
껠 에 르 프히 또딸?

그걸로 해 주세요.

Je prends celui-ci.
주 프헝 쓸뤼-씨

디즈니랜드는 어떻게 가죠?

Comment on peut aller à Disneyland ?
꼬멍 옹 뿨 알레 아 디즈네렁드?

유용한 단어

가이드북	guide	기드
당일치기	visiter en une journée	비지떼 엉 윈 주흐네
박물관	musée	뮈제
안내원	guide	기드
유적지	monument	모 뉘멍
지도	carte	꺄흐뜨
축제	festival	페쓰띠발
1박2일	2 jours et 1 nuit	둬 주흐 에 윈 뉘
2박3일	3 jours et 2 nuits	트후아 주흐 에 둬 뉘

☆ 알고 떠나자

파리 (Paris)

파리는 전 세계의 어느 관광도시보다 독보적으로 예술적, 역사적 그리고 문화적인 유산을 가진 아름다운 도시라고 할 수 있다. 파리는 프랑스의 수도로 프랑스 지방의 중앙에 자리 잡고 있다. 도시를 가로지르는 강의 이름은 센강이며 20개의 행정구역으로 나누 어져 있다. 파리는 센강을 기준으로 우안(rive droite)과 좌안(rive gauche)으로 나뉜다. 좌안의 라틴지구(Quartier Latin)에는 유명 대학, 소르본을 비롯한 그랑제콜 및 연구소 등 많은 학교가 자리 잡고 있다. "예술의 도시"라 불리는 만큼 회화, 조각, 패션, 음악, 건축 등 다양한 예술 분야의 세계적인 중심지가 바로 파리이다. 패션계에선 파리 컬렉션, 요리 분야에선 요리경연대회 또는 미슐랭가이드와 같은 업계 기준이 되는 지표를 가지는 것에서 보듯이, 의류 문화와 음식 문화에서는 세계적인 중심지라고 할 수 있다.

아비뇽 (Avignon)

프랑스 론 강변에 위치한 도시로 매년 7월 각종 공연 및 연극이 펼쳐지는 아비뇽 축제가 있다. 이 축제 기간에는 전 세계의 사람들이 모여든다. 아비뇽의 다리도 매우 유명한 아비뇽의 심벌이다.

투르 (Tours)

투르는 1461년 앙리 4세가 파리를 수도로 정하기 전까지 프랑스의 수도였던 도시이다. 르네상스 시대에 지어진 성, 호숫가의 성, 계곡 사이의 성 등 다양한 성들을 볼 수 있으며 고성호텔이 많다.

콜마르 (Colmar)

독일과의 국경에서 멀지 않은 곳에 있는 작은 도시이다. 하울의 움직이는 성의 배경으로 유명하다. 특히 전통건축 양식의 건물들이 매우 아기자기한 분위기를 내며 운하와 목조가옥, 그리고 꽃으로 잘 가꿔진 길가가 마치 동화 같은 기분을 느끼게 해준다.

샤모니 몽블랑 (Chamonix Mont-Blanc)

알프스 산맥 중 몽블랑이 위치한 이곳은 스키, 스노보드 등을 즐길 수 있는 휴양 레저 도시이다. 프랑스 현지인들도 겨울이 되면 스키를 타기 위해 자주 찾는 스키 명소이기도 하다.

랭스 (Reims)

와인과 샴페인의 도시로, 유명 샴페인이 만들어지는 지역의 도시이다. 유네스코 문화유산에 등재된 노트르담 대성당(또는 랭스 대성당), 생 래미(Saint-Remi)바실리크 교회당, 그리고 생 래미 수도원 박물관도 반드시 봐야 할 명소이다. 랭스와 함께 근처에 있는 예술과 역사의 도시인 디종(Dijon)도 있다.

2. 관광지에서

MP3 09-2

명소를 구경하고 싶은데요.

Je voudrais visiter les monuments.
주 부드헤 비지떼 레 모뉘멍

저건 무슨 건물이에요?

Quel est ce bâtiment ?
껠 에 쓰 바띠멍?

유명해요?

Est-ce qu'il est célèbre ?
에쓰낄 에 쎌레브흐?

입장권을 사야 하나요?

Est-ce que je dois acheter un billet d'entrée ?
에쓰끄 주 두아 아슈떼 앙 비예 덩트헤?

■ 입장은 무료입니다.

L'entrée est gratuite.
렁트헤 에 그하뛰뜨

개관 / 폐관은 몇 시죠?

Quand est-ce qu'il ouvre / ferme ?
껑떼스낄 우브흐 / 페흐므?

일요일에도 여나요?

Est-ce qu'il ouvre le dimanche ?
에쓰낄 우브흐 르 디멍슈?

입구가 어디죠?

Où est l'entrée ?
우 에 렁트헤?

한국에서 왔어요.

Je viens de Corée du sud.
주 비앙 드 꼬헤 뒤 쒸드

친구들하고 왔어요.

Je suis venu avec des amis.
주 쒸 브뉘 아벡 데 자미

회사 동료들과 / 혼자서 왔어요.

Je suis venu avec des collègues / seul.
주 쒸 브뉘 아벡 데 꼴레그 / 쐴

파리는 처음입니다.

C'est la première fois à Paris.
쎄 라 프흐미에흐 푸아 아 빠히

파리는 두 번째입니다.

C'est la deuxième fois à Paris.
쎄 라 뒤지엠 푸아 아 빠히

여기는 여러 번 왔어요.

Je suis venu ici plusieurs fois.
주 쒸 브뉘 이씨 쁠뤼지어흐 푸아

3. 사진촬영

MP3 09-3

여기서 사진을 찍어도 되나요?

Est-ce que je peux prendre des photos ici ?
에쓰끄 주 뿨 프헝드흐 데 포또 이씨?

죄송하지만, 사진 좀 찍어 주실래요?

Excusez-moi, est-ce que vous pouvez me prendre en photo ?
엑쓰뀌제-무아, 에쓰끄 부 뿌베 므 프헝드흐 엉 포또?

여기를 누르기만 하면 됩니다.

Il suffit d'appuyer ici.
일 쒸피 다쀠예 이씨

준비됐나요? 자, 치-즈 !

Est-ce que vous êtes prêt ? Souriez !
에쓰끄 부 제뜨 프헤? 쑤히에!

고맙습니다.

Merci.
메흐씨

기념으로 당신을 찍어도 되나요?

Est-ce que je peux vous prendre en photo ?
에쓰끄 주 뿨 부 프헝드흐 엉 포또?

사진을 보내 드릴게요.

Je vous envoie la photo.
주 부 정부아 라 포또

4. 파리의 명소

어디가 유명해요?

Quels sont les endroits célèbres ?
겔 쏭 레 정드후와 쎌레브흐?

노트르담에 가 봤어요?

Est-ce que vous avez visité Notre-Dame ?
에쓰끄 부 자베 비지떼 노트흐담?

거기에 가면 성당을 볼 수 있어요.

Vous pouvez visiter la cathédrale.
부 뿌베 비지떼 라 꺄떼드할

센강 유람선 타 봤어요?

Est-ce que vous avez essayé la croisière sur la Seine ?
에쓰끄 부 자베 에쎄예 라 크후아지에흐 쒸흐 라 쎈?

아뇨, 아직...

Non, pas encore...
농, 빠 엉꼬흐...

한번 가 보고 싶어요.

Je voudrais l'essayer un jour.
주 부드헤 레쎄예 앙 주흐

개선문에 데려다 주세요.

Allons à l'Arc de triomphe.
알롱 아 라흐끄 드 트히옹프

Allons à l'Arc de triomphe.

5. 놀이공원에서

MP3 09-5

이 근처에 놀이공원 있어요?

Est-ce qu'il y a un parc d'attraction dans le coin ?
에쓰낄리야 앙 빠흐끄 다트학씨옹 덩 르 꾸앙?

1일 자유 이용권 두 장 주세요.

Deux billets 1 jour, s'il vous plaît.
둬 비예 앙 주흐, 씰 부 쁠레

어른 두 장, 어린이 한 장 주세요.

Deux billets pour adultes et un billet pour enfant.
둬 비예 뿌흐 아뒬뜨 에 앙 비예 뿌흐 엉펑

전부 탈 수 있나요?

Est-ce que tout le monde peut y monter ?
에쓰끄 뚜르몽드 뿨 이 몽떼?

또 타고 싶어요.

Je voudrais le prendre encore une fois.
주 부드헤 르 쁘헝드흐 엉꼬흐 윈 푸아

아이가 있는데 괜찮을까요?

Je suis avec un enfant. Est-ce que ça va ?
주 쒸 아벡 앙 넝펑. 에쓰끄 싸 바?

무서워요.

J'ai peur.
제 뿨흐

저건 다시 타고 싶지 않아요.

Je ne veux pas le reprendre.
주 느 붜 빠 르 흐프헝드흐

길을 잃어버렸어요.

Je suis perdu.
주 쒸 뻬흐뒤

출구가 어디죠?

Où est la sortie ?
우 에 라 쏘흐띠?

몇 시까지 해요?

Quand est-ce que vous fermez ?
껑 떼쓰끄 부 페흐메?

Tip 프랑스에서 가 볼만한 놀이공원

자르댕 다끌리마따시옹 (Jardin d'Acclimatation)

주소 : Avenue du Mahatma Gandhi, 75116 Paris 16 (파리 16구)

가격 : 입장료 5유로

자유이용권 29유로

파리 디즈니랜드

주소: Disneyland, 77700 Bailly Romainvilliers

(RER A 라인의 "Marne-la-Vallée - Chessy - Parc Disneyland"역에서 갈 수 있다.

6. 수영장에서

MP3 09-6

수영 모자를 꼭 써야 하나요?

Est-ce qu'il faut porter un bonnet de natation ?
에쓰낄 포 뽀흐떼 앙 보네 드 나따씨옹?

타올을 좀 주세요.

Est-ce que je peux avoir une serviette, s'il vous plaît ?
에쓰끄 주 뿨 아부아흐 윈 쎄흐비엣뜨, 씰 부 쁠레?

수영장이 따로따로 있나요?

Est-ce que les piscines sont séparées ?
에쓰끄 레 삐씬 쏭 쎄빠헤?

어린이용 수영장이 있나요?

Est-ce qu'il y a une piscine pour enfants ?
에쓰낄리야 윈 삐씬 뿌흐 엉펑?

수영장 입장료는 얼마예요?

Combien coûte le billet d'entrée ?
꽁비앙 꾸뜨 르 비예 덩트헤?

실내 / 야외 수영장을 갖추고 있나요?

Est-ce qu'il y a des piscines à l'intérieur / extérieur ?
에쓰낄리야 데 삐씬 알랑떼이여흐/ 알렉스떼히여흐?

물이 정말 깨끗한가요?

Est-ce que l'eau est vraiment propre ?
에쓰끄 로 에 브헤멍 프호프흐?

☆ 수영장에서

구조대 요원	maître-nageur	메트흐-나줘흐
수상 미끄럼틀	toboggan aquatique	또보걍 아꾸아띡
수영 모자	bonnet de natation	보네 드 나따씨옹
수영복	maillot de bain	마요 드 방
수영 신발	chaussures de natation	쇼쒸흐 드 나따씨옹
수영장 소독약	chlorine	끌로힌
수중용 안경	verres sous-marins	베흐 쑤마랑
실내 수영장	piscine intérieur	삐씬 앙떼히여흐
야외 수영장	piscine extérieur	삐씬 엑쓰떼히여흐
일광	bronzage	브홍자쥬
일광용 로션	lotion de bronzage	로씨옹 드 브홍자쥬
자외선 차단크림	crème solaire	크헴 쏠레흐
킥보드	kickboard	끽보흐드
튜브	tube	뛰브

10

즐기기

여행 중에 영화나 연극 같은 문화 활동뿐만 아니라 야시장이나 Bar 처럼
밤문화를 경험해 보는 것도 색다른 경험이 될 것입니다.

1. 파리의 밤거리

MP3 10-1

나이트클럽은 어디가 유명해요?

Quelles sont les boîtes de nuit les plus célèbres ?
껠 쏭 레 부아뜨 드 뉘 레 쁠뤼 쎌레브흐?

접대할 수 있는 곳은 어디가 좋아요?

Est-ce qu'il y a un endroit convenable pour un dîner ?
에쓰낄리야 앙 엉드후아 꽁브나블르 뿌흐 앙 딘네?

걸어서 갈 수 있나요?

Est-ce qu'on peut y aller à pied ?
에쓰꽁 뿨 이 알레 아 삐에?

입장료는 얼마예요?

Combien coûte le billet d'entrée ?
꽁비앙 꾸뜨 르 비예 덩트헤?

단체 할인되나요?

Est-ce qu'il y a une réduction pour groupe ?
에쓰낄리야 윈 헤뒥씨옹 뿌흐 그훕?

1인당 얼마씩 내면 되죠?

Ça coûte combien par personne ?
싸 꾸뜨 꽁비앙 빠흐 뻬흐쏜?

혼자 들어가도 돼요?

Est-ce que je peux y aller seul ?
에쓰끄 주 뿨 이 알레 쐴?

어떤 쇼가 있어요?

Qu'est-ce qu'il y a comme spectacle ?
껠쓰낄리야 꼼 쓰뻭따끌르?

네 사람 기본으로 시키면 얼마 정도 해요?

C'est combien pour quatre personnes ?
쎄 꽁비앙 뿌흐 꺄트흐 뻬흐쏜?

Tip 가 볼만한 파리의 유명 카바레/유명 쇼

*** 물랑루즈 Le Moulin Rouge**
입장료 1인당 87유로부터. 프랑스의 아이콘 캉캉 춤을 음악에 맞춰 선보이는 공연을 볼 수 있다. 화려한 조명과 무대, 의상 및 안무가 환상적이면 마법 같은 경험을 하게 해줄 것이다.

*** 리도 쇼 Le Lido**
입장료 1인당 85유로부터. 1946년 만들어진 쇼, 샹젤리제 거리에 자리 잡고 있다. 이 또한 매우 화려한 춤, 안무, 조명과 거울을 사용한 공연이다. 40명이 넘는 "블루벨걸"들과 40명이 넘는 "리도보이즈"들의 다양한 퍼포먼스를 볼 수 있다.

*** 크레이지 호스 Le Crazy Horse**
입장료 1인당 85유로부터. 다른 카바레들에 비해서 가장 파격적이고도 과감한 퍼포먼스를 선보인다. 우아함과 에로티시즘이 적절한 조화를 이루는 공연.

*** 르 파라디 라땅 Le Paradis Latin**
입장료 1인당 75유로부터. 매우 아름다운 데코와 무대장치, 그리고 게임으로 가득하다. 전부 수작업으로 만든 의상과 빨간 융단으로 꾸며진 인테리어는 글래머러스하고 로맨틱한 파리를 맛보게 해준다. 저글링, 서커스와 같은 퍼포먼스, 프렌치 캉캉 등 노래와 춤이 가득하다.

2. 카지노

MP3 10-2

이 호텔에 카지노 있어요?

Est-ce qu'il y a un casino dans l'hôtel ?
에쓰낄리야 앙 까지노 덩 로뗄?

어떤 게임이 재미있어요?

Quels sont les jeux que vous recommandez ?
껠 쏭 레 줘 끄 부 흐꼬멍데?

이건 어떻게 해요?

Comment on joue à ça ?
꼬멍 옹 주 아 싸?

처음 해 봐요.

C'est la première fois que je joue.
쎄 라 프흐미에흐 푸아 끄 저 주

슬롯머신은 어디 있어요?

Où sont les machines à sous ?
우 쏭 레 마쉰 아 쑤?

칩 주세요.

Donnez-moi des jetons.
돈네-무아 데 줘똥

칩을 현금으로 바꿔 주세요.

Je voudrais changer les jetons en espèces.
주 부드헤 셩제 레 줘똥 엉 에쓰뻬쓰

당신이 이겼군요. / 내가 졌어요.

Vous avez gagné. / J'ai perdu.
부 자베 갸녜 / 졔 뻬흐듀

그만해야겠어요.

Je m'arrête ici.
주 마헤뜨 이씨

오늘은 재수가 좋은데요.

J'étais chanceux aujourd'hui.
제떼 셩쒸 오쥬흐뒤

대부분의 관광객이 먼저 찾는 곳은 아닐지라도 파리에는 몇몇 유명한 카지노가 있다.

Cercle Haussman
오페라 가르니에 근처에 위치한 유명한 카지노이다. 25개의 테이블에 여러 종류의 포커 게임을 제공한다. 오후 2시부터 오전 7시까지 매일 영업하며 레스토랑과 흡연 라운지 그리고 아메리칸 스타일의 바로 이루어져 있다.

Association Cercle Eldo
비교적 작은 규모의 카지노로 생 마르탱 거리(Boulevard Saint Martin)에 숨겨져 있다. 단 5개의 포커 테이블과 1개의 멀티컬러 테이블로 구성되어 있으며 비밀스럽고 사람들과 가까운 거리에서의 게임을 즐길 수 있다.

Aviation Club de France
프랑스에서 가장 오래된 카지노 중에 하나로 1907에 샹젤리제 근처에 개장한 카지노이다. 도박클럽이자 카지노로 불리며 29개 테이블에 다양한 포커 게임을 제공한다.

3. 연극 · 공연

MP3 10-3

두 장 주세요.

Deux billets, s'il vous plaît.
뒤 비예, 씰 부 쁠레

몇 시부터 하나요?

Quand est-ce que ça commence ?
껑 떼쓰끄 싸 꼬멍쓰?

어떤 게 재미있어요?

Quel spectacle vous recommandez ?
껠 쓰뻭따끌르 부 흐꼬멍데?

연극공연을 / 콘서트를 보고 싶어요.

Je suis venu pour voir un spectacle / concert.
주 쒸 브뉘 뿌흐 부아흐 앙 쓰뻭따끌르 / 꽁쎄흐

「노트르담드파리」를 보고 싶어요.

Je voudrais voir le Notre Dame de Paris.
주 부드헤 부아흐 르 노트흐담 드 빠히

매일 공연되나요?

Est-ce qu'il y a un spectacle tous les jours ?
에쓰낄리야 앙 쓰뻭따끌르 뚜 레 주흐?

이 티켓은 언제까지 유효한가요?

Jusqu'à quand le billet est-il valable ?
쥐쓰까 껑 르 비예 에띨 발라블르?

내용을 잘 모르겠어요.

Je n'arrive pas à suivre l'histoire.
주 나히브 빠 아 쒸브흐 리쓰뚜아흐

정말 멋졌어요.

C'était magnifique.
쎄떼 마니피끄

대사가 너무 빠른 것 같아요.

Le dialogue était trop rapide.
르 디알로그 에떼 트호 하삐드

파리에는 두 개의 유명한 오페라 공연장이 있는데 하나는 클래식한 건축물의 오페라 가르니에(Opéra Garnier)이고, 다른 하나는 모던한 건축물의 오페라 바스티유(Opéra Bastille)가 있다. 이곳에서는 클래식한 공연들을 즐길 수 있다. 파리의 오페라 매표소에서 정식 예매 및 구매하는 방법 이외에도 몇 가지 티켓을 예매하는 방법이 있다.

파리의 오페라 표 구하는 방법

1. "땡처리" 티켓들은 정식가격보다 훨씬 저렴한 가격에 나온다.
2. 만일 서서 관람하는 것도 괜찮다면, 오페라 바스티유에서는 스탠딩 티켓을 5유로에 판매한다. 공연 시작 1시간 반 전에 자동터미널에 가서 대기하면 문이 열릴 때 구매할 수 있다.
3. 특별 수요일 이벤트 "수요일 랑데부('Les rendez-vous du mercredi')를 이용하면 특별가격에 공연을 관람할 수 있다. 수량이 한정되어있으니 12시에 빠르게 예매하는 것이 관건이다.

4. 영화관람

MP3 10-4

매표소는 어디에 있어요?

Où est la billetterie ?
우 에 라 비예뜨히?

표 있어요?

Est-ce que vous avez des billets ?
에쓰끄 부 자베 데 비예?

좋은 자리 남아 있어요?

Est-ce qu'il y a encore de bons sièges ?
에쓰낄리야 엉꼬흐 드 봉 씨에쥬?

어른 두 장 주세요.

Je voudrais deux billets pour adultes.
주 부드헤 둬 비예 뿌흐 아될뜨

■ 1인석밖에 없어요.

Il n'y a que des sièges pour une personne.
일니야 끄 데 씨에쥬 뿌흐 윈 뻬흐쏜

■ 따로따로 떨어져서 앉으셔야 됩니다.

Vous devez vous asseoir séparément.
부 드베 부 아쑤아흐 쎄빠헤멍

그럼, 안 되겠군요.

Je ne le prends pas, alors.
주 느 르 프헝 빠, 알로흐

Acheter les tickets par titre du film 입장권은 영화제목으로 구입하세요.	8 euros pour les personnes de plus de 3 ans 3세 이상은 8유로	Tarif étudiant / régulier 학생/일반 가격
Plan de salle 좌석배치도	Vous pouvez vous asseoir ici. 앉으실 수 있습니다.	Les mineurs moins de 13 ans ne sont pas admis. 13세 미만 입장 금지
Interdit de fumer dans le théâtre. 극장 내 금연	Taxe comprise 세금 포함	Entrée / Sortie 입구 / 출구

유용한 단어

감독	réalisateur	헤알리자뚸흐
낮공연	séance en matinée	쎄엉쓰 엉 마띠네
당일권	billet pour la journée	비예 뿌흐 라 주흐네
매진	vente complète	벙뜨 꽁쁠레뜨
무대	scène	쎈
상영	projection	프호젝씨옹
수상작	primé	프히메
S석	siège S	씨에쥬 에쓰
영화관	salle de cinéma	쌀 드 씨네마
예고	avant-première	아벙-프흐미에흐
입장료	billet d'entrée	비예 덩트헤
주연	rôle principal	홀 프항씨빨
지정석	sièges désignés	씨에쥬 데지녜
표	billet	비예
블록버스터	blockbuster	블록버쓰뚸흐

5. 스포츠관전

MP3 10-5

PSG 축구 경기를 보러 가고 싶은데요.

Je voudrais aller voir le match de foot du PSG.
주 부드헤 알레 부아흐 르 맛츠 드 풋뜨 뒤 뻬에쓰제

지금 축구 시즌인가요?

Est-ce que c'est la saison de foot ?
에쓰끄 쎄 라 쎄종 드 풋뜨?

축구 경기를 보고 싶어요.

Je voudrais voir un match de foot.
주 부드헤 부아흐 앙 맛츠 드 풋뜨

경기는 몇 시부터예요?

Quand est-ce que le match commence ?
껑 떼쓰끄 르 맛츠 꼬멍쓰?

경기는 언제 끝나요?

Quand est-ce que le match termine ?
껑 떼쓰끄 르 맛츠 떼흐민?

입장료는 얼마예요?

Combien coûte le billet d'entrée ?
꽁비앙 꾸뜨 르 비예 덩트헤?

오늘 이 선수 나오나요?

Est-ce que ce joueur joue aujourd'hui ?
에쓰끄 스 주어흐 주 오주흐뒤?

저 선수 이름이 뭐죠?

Comment s'appelle ce joueur ?
꼬멍 싸뻴 쓰 주어흐?

경기장 입구가 어디죠?

Où est l'entrée du stade ?
우 에 렁트헤 뒤 쓰따드?

이것 가지고 경기장에 들어가도 돼요?

Est-ce que je peux emporter ça dans le stade ?
에쓰끄 주 쀠 엉뽀흐떼 싸 덩 르 쓰따드?

응원가를 좀 가르쳐 주세요.

Apprenez-moi le chant de supporters.
아프흐네-무아 르 셩 드 쒸뽀흐떼흐

Tip 프랑스의 스포츠

프랑스에서 가장 인기 있는 스포츠 종목은 바로 축구와 테니스일 것이다. 월드컵 우승 경험도 있으며 세계 랭킹에서도 빠지지 않는 팀이다. 테니스로는 테니스 그랜드 슬램 토너먼트인 롤랑 가로스(Roland Garros, 또는 프렌치 오픈)가 있다. 투르 드 프랑스로 유명한 사이클링도 프랑스를 대표하는 스포츠 종목이다.

* Stade de France
프랑스 축구 및 럭비 국가대표 스타디움
주소 : ZAC du Cornillon Nord, Saint-Denis, France

6. 스키장

MP3 10-6

필요한 것 모두 렌탈 되죠?

Est-ce que je peux louer tout ce dont j'ai besoin ?
에쓰끄 주 뿨 루에 뚜 쓰 동 제 버주앙?

■ 스키 장갑은 구입하셔야 합니다.

Vous devez acheter les gants de ski.
부 드베 아슈떼 레 겅 드 쓰끼

■ 보증금을 내셔야 합니다.

Vous devez payer un dépôt de garantie.
부 드베 뻬예 앙 데뽀 드 가헝띠

리프트 1일 이용권을 주세요.

Je voudrais un billet de remontée pour une journée.
주 부드헤 앙 비예 드 흐몽떼 뿌흐 윈 주흐네

스키강습을 받고 싶어요.

Je voudrais prendre un cours de ski.
주 부드헤 프헝드흐 앙 꾸흐 드 쓰끼

초보자용은 어느 것을 타면 돼요?

Quel est celui pour les débutants ?
껠 에 쓸뤼 뿌흐 레 데뷔떵?

야간은 몇 시까지죠?

Quand est-ce que vous fermez la nuit ?
껑 떼쓰끄 부 페흐메 라 뉘?

호텔에서 스키장까지 얼마나 걸려요?

Ça prend combien de temps de l'hôtel à la station de ski ?
싸 프헝 꽁비앙 드 떵 드 로뗄 알라 쓰따씨옹 드 쓰끼?

라커 빌리는 데 얼마예요?

C'est combien pour louer un casier ?
쎄 꽁비앙 뿌흐 루에 앙 까지에?

갈아입는 데가 어디죠?

Où est-ce qu'on change d'habit ?
우 에쓰꽁 셩쥬 다비?

식당은 어디죠?

Où est la cafétéria ?
우 에 라 꺄페떼히아?

유용한 단어

고글	lunettes de ski	뤼네뜨 드 쓰끼
스노우 보드	snowboard	쓰노보흐드
스키	ski	쓰끼
스키복	tenue de ski	뜨뉘 드 쓰끼
스키 부츠	bottes de ski	보뜨 드 쓰끼
스키장	station de ski	쓰따씨옹 드 쓰끼
스키 폴	bâtons de ski	바똥 드 쓰끼
스키 활강 코스	piste de ski	삐쓰뜨 드 쓰끼
스키 리프트	remontée mécanique	흐몽떼 메꺄닉

7. 골프

MP3 10-7

근처에 골프장 있어요?

Est-ce qu'il y a un terrain de golf près d'ici ?
에쓰낄리야 앙 떼항 드 골프 프헤 디씨?

골프를 하고 싶어요.

J'ai envie de jouer au golf.
졔 엉비 드 쥬에 오 골프

골프채를 빌리고 싶은데요.

Je voudrais louer un club de golf.
주 부드헤 루에 앙 끌럽 드 골프

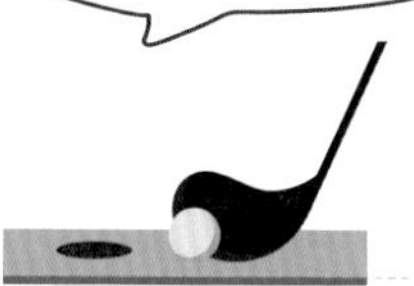

모두 빌리는 데 얼마죠?

C'est combien pour l'ensemble ?
쎄 꽁비앙 뿌흐 렁썽블르?

팁을 따로 줘야 하나요?

Est-ce qu'il faut donner un pourboire ?
에쓰낄 포 도네 앙 뿌흐부아흐?

물수건 있어요?

Est-ce qu'il y a une serviette mouillée ?
에쓰낄리야 윈 쎄흐비에뜨 무이예?

스윙하는 방법을 가르쳐 주세요.

Apprenez-moi à faire un swing.
아프흐네-무아 아 페흐 앙 쓰윙

8. 게임센터

동전 교환소는 어디죠?

Où est-ce que je peux changer les billets en monnaie ?
우 에쓰끄 주 뾔 셩제 레 비예 엉 모네?

경품 교환소는 어디예요?

Où est-ce que je peux recevoir mon prix ?
우 에쓰끄 주 뾔 흐쓰부아흐 몽 프히?

저기요, 잠깐만요. (문제가 생겼을 때)

Excusez-moi, s'il vous plaît.
엑쓰뀌제-무아, 씰 부 쁠레

돈을 넣어도 안 움직이는데요.

J'ai mis de l'argent mais ça ne marche pas.
제 미 드 라흐졍 메 싸 느 마흐슈 빠

가위를 좀 빌려 주세요. (스티커 사진을 찍었을 때)

Est-ce que je peux emprunter des ciseaux ?
에쓰끄 주 뾔 엉프항떼 데 씨조?

저기요, 제가 딴 것을 돈으로 바꿔 주세요.

Excusez-moi, est-ce que je peux recevoir mes prix ?
엑쓰뀌제-무아, 에쓰끄 주 뾔 흐쓰부아흐 메 프히?

전부 다 100유로짜리 지폐로 주세요.

Je voudrais les avoir en billet de 100 euros.
주 부드헤 레 자부아흐 엉 비예 드 썽 어호

11

친구 사귀기

해외여행의 즐거움 중의 하나는
현지에서 새로운 친구들을 만나는 것입니다.
프랑스어로 자신을 소개해보면 어떨까요?

1. 자기소개

MP3 11-1

안녕하세요. 만나서 반갑습니다.

Comment ça va ?
꼬멍 싸 바?

저는 올해 24살입니다.

J'ai 24 ans.
졔 방꺄트헝

저는 학생입니다. / 저는 회사원입니다.

Je suis étudiant. / Je travaille dans une entreprise.
주 쒸 에뜌디엉 / 주 트하바유 덩 쥔 엉트흐프히즈.

저는 이곳에 배낭 여행 왔어요.

Je voyage en sac à dos.
주 부아야주 엉 싹까도

친구들과 / 가족들과 같이 왔어요.

Je suis venu avec des amis / ma famille.
주 쒸 브뉘 아벡 데 자미 / 마 파미유

출장차 왔어요.

Je suis venu en voyage d'affaires.
주 쒸 브뉘 엉 부아야주 다페흐

이 쪽은 제 친구예요.

C'est mon ami.
쎄 몽 나미

불어는 잘 못해요.

Je ne parle pas bien le français.
주 느 빠흘르 빠 비앙 르 프헝쎄

잘 부탁합니다. (많이 가르쳐 주세요.)

J'espère que vous allez m'apprendre beaucoup de choses.
제쓰뻬흐 끄 부 잘레 마프헝드흐 보꾸 드 쇼즈

초등학생 élèves de l'école primaire 엘레브 드 레꼴 프리메흐	중학생 collégien 꼴레지앙	고등학생 lycéen 리쎄앙
주부 femme au foyer 팜 오 푸아예	회사원 employé de bureau 엉쁠루아예 드 뷔호	학교 교사 enseignant 엉쎄녕
은행원 employé de banque 엉쁠루아예 드 벙끄	의사 docteur/médecin 독떠흐/메드쌍	변호사 avocat 아보까
디자이너 designer 디자이너흐	자영업 auto-entrepreneur 오또-엉트흐프흐눠흐	공무원 fonctionnaire 퐁씨오네흐
요리사 chef/cuisinier 셰프/뀌지니에	미용사 coiffeur 꾸아풔흐	모델 mannequin 마느깡
군인 soldat 쏠다	기자 journaliste 주흐날리쓰뜨	사업가 entrepreneur 엉뜨흐트흐눠흐

2. 나의 가족

MP3 11-2

제 딸이에요. / 아들이에요. / 아내예요. (가족 소개)

C'est ma fille / mon fils / ma femme.
쎄 마 피유 / 몽 피쓰 / 마 팜

우리 가족은 네 명입니다.

Nous sommes quatre dans la famille.
누 쏨 꺄트흐 덩 라 파미유

처음 뵙겠습니다.

Enchanté.
엉셩떼

신세를 많이 졌습니다. 감사합니다.

Merci pour votre hospitalité, merci.
메흐씨 뿌흐 보트흐 오쓰삐딸리떼, 메흐씨

아뇨, 천만에요.

Non, pas du tout.
농, 빠 뒤 뚜

따님이 아주 귀엽게 생겼네요.

Votre fille est très mignonne.
보트흐 피유 에 트헤 미뇬

아주 행복하시겠어요.

Vous devez être très heureux.
부 드베 에트흐 트헤 저허

☆ 가족을 소개할 때

한국어	프랑스어	발음
가족	famille	파미유
부모	parents	빠헝
남편	mari	마히
아내	femme	팜
아들	fils	피스
딸	fille	피유
아들	fils	피스
할아버지	grand-père	그헝-뻬흐
할머니	grand-mère	그헝-메흐
아버지	père	뻬흐
어머니	mère	메흐
언니	sœur	쒀흐
오빠	frère	프헤흐
여동생	petite sœur	쁘띠뜨 쒀흐
남동생	petit frère	쁘띠 프헤흐
형수/처제/시누이/동서	belle-sœur	벨-쒀흐
처남/매부	beau-frère	보-프헤흐
친척	membre de la famille	멍브흐 들라 파미유
사촌	cousin	꾸장
조카/조카딸	neveu/nièce	눠버/니에쓰
손주	petit-fils/petite-fille	쁘띠-피쓰/쁘띠뜨-피유
시어머니/장모	belle-mère	벨-메흐

3. 물어보고 싶을 때 1

MP3 11-3

같이 차라도 한잔 하실까요?

Vous voulez aller prendre un verre ?
부 불레 알레 프헝드흐 앙 베흐?

실례지만 성함이 어떻게 되세요?

Excusez-moi, quel est votre nom ?
엑쓰뀌제-무아, 껠 에 보트흐 농?

댁은 어디세요?

Où est-ce que vous habitez ?
우 에쓰끄 부 자비떼?

나이를 물어봐도 될까요?

Ça vous dérange si je vous demande votre âge ?
싸 부 데헝쥬 씨 주 부 드멍드 보트흐 아쥬?

학생이신가요?

Est-ce que vous êtes étudiant ?
에쓰끄 부 제뜨 에뛰디엉?

저는 여행차 왔어요.

Je suis venu pour visiter.
주 쒸 브뉘 뿌흐 비지떼

빌리지에 가고 싶은데, 같이 가 주실 수 있어요?

Je voudrais aller au village. Voulez-vous me joindre ?
주 부드헤 알레 오 빌라쥬. 불레-부 므 쥬앙드흐?

이런 말 하기 뭐하지만….

Ce n'est pas facile pour moi de le dire, mais….
쓰 네 빠 파실 뿌흐 무아 드 르 디흐, 메

당신을 좋아하는 것 같아요.

Je pense que je vous aime.
주 뻥쓰 끄 주 부 젬므

그는 / 그녀는 제 스타일이 아니에요.

Il / Elle n'est pas mon genre / style.
일 / 엘 네 빠 몽 정흐/스띨

연락처를 알고 싶어요.

Je voudrais avoir votre contact.
주 부드헤 아부아흐 보트흐 꽁딱뜨

(직함을) 어떻게 부르면 돼요?

Comment je peux vous appeler ?
꼬멍 주 뿨 부 자쁠레?

지윤이라고 불러 주세요.

Appelez-moi Ji-yoon.
아쁠레-무아 지윤

고향이 어디신가요?

Quelle est votre ville d'origine ?
껠 에 보트흐 빌 도히진?

4. 물어보고 싶을 때 2

MP3 11-4

혈액형이 어떻게 되세요?

Quel est votre groupe sanguin ?
껠 에 보트흐 그훕 썽걍?

별자리가 뭐예요?

Quel est votre signe astrologique ?
껠 에 보트흐 씨뉴 아스트홀로직?

황소자리예요.

Je suis Taureau.
주 쒸 또호

저랑 동갑이네요.

Vous avez le même âge que moi.
부 자베 르 멤 아쥬 끄 무아

제가 더 어리군요.

Je suis plus jeune.
주 쒸 쁠뤼 쥔

실례지만, 결혼하셨나요?

Ça vous dérange si je vous demande si vous êtes marié ?
싸 부 데헐쥬 씨 주 부 드멍드 씨 부 제뜨 마히에?

네, 했어요. / 아뇨, 아직.

Oui, je suis marié. / Non, je suis célibataire.
위, 주 쒸 마히에 / 농, 주 쒸 셀리바떼흐

☆ 생일로 보는 별자리

염소자리
Capricorne 꺄프히꼬흐느
12/22–1/19

물병자리
Verseau 베흐쏘
1/20–2/18

물고기자리
Poissons 뿌아쏭
2/19–3/20

양자리
Bélier 벨리에
3/21–4/19

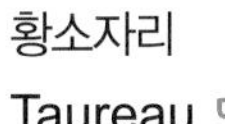

황소자리
Taureau 또호
4/20–5/20

쌍둥이자리
Gémeaux 제모
5/21–6/21

게자리
Cancer 깡쎼흐
6/22–7/22

사자자리
Lion 리옹
7/23–8/22

처녀자리
Vierge 비에흐쥬
8/23–9/22

천칭자리
Balance 발렁쓰
9/24–10/22

전갈자리
Scorpion 쓰꼬흐삐옹
10/23–11/21

사수자리
Sagittaire 사지떼흐
11/22–12/21

12

업무 출장

모든 일은 마음먹기에 달려 있다고 합니다.
부담스러운 회사 업무로 만나더라도
예의 있게 최선을 다해 이야기하려고 노력하면, 좋은 결과가 있을 것입니다.

1. 전화로 인사

MP3 12-1

여보세요. 미스터 장 좀 부탁드립니다.

Allô, puis-je parler à M. Jean, s'il vous plaît ?
알로, 쀠-주 빠흘레 아 뭐씨유 장, 씰 부 쁠레?

누구시죠?

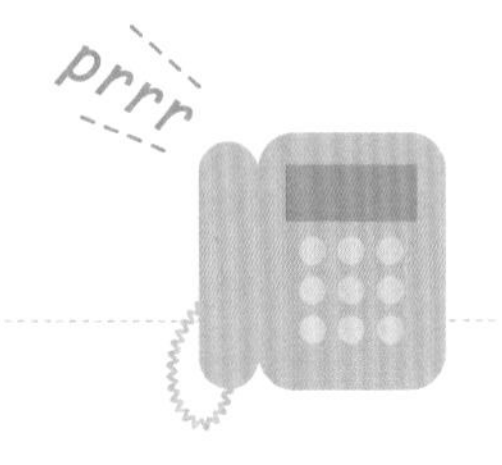

Qui est à l'appareil ?
끼 에 따 라빠헤유?

한국에서 온 김지윤이라고 합니다.

Je suis Kim Ji-yoon de la Corée du sud.
주 쒸 김지윤 들라 꼬헤 뒤 쒸드

아, 저예요. 안녕하세요? 지금 어디세요?

Ah, c'est moi. Bonjour. Où êtes-vous ?
아, 쎄무아. 봉주흐. 우 에뜨-부?

파리 메리어트 호텔이에요.

Je vous appelle de l'hôtel Merriott à Paris.
주 부 자뻴 드 로뗄 마히옷뜨 아 빠히

이쪽으로 와 주실 수 있나요?

Est-ce que vous pouvez venir ici ?
에쓰끄 부 뿌베 브니흐 이씨?

길을 잘 몰라서요.

Je ne connais pas les lieux.
주 느 꼬네 빠 레 리유

MP3 12-2

2. 상대방이 없을 때

■ 지금 미스터 장은 출장 중이신데요.

Je suis désolé, mais M. Jean n'est pas là.

주 쒸 데졸레, 메 뭐씨유 장 네빨라

몇 시쯤 들어오실까요?

Quand est-ce qu'il revient ?

껑 떼쓰낄 호비앙?

■ 전하실 말씀 있으세요?

Voulez-vous laisser un message ?

불레-부 레쎄 앙 메싸쥬?

김지윤이 지금 메리어트 호텔에 와 있다고 전해 주세요.

Dites-lui que Kim Ji-yoon est à l'hôtel Marriott.

디뜨-뤼 끄 김지윤 에따 로뗄 마히옷뜨

제가 전화 다시 드리겠습니다.

Je vous rappellerai.

주 부 하뻴르헤

휴대폰 번호는 몇 번이죠?

Quel est votre numéro de téléphone ?

껠 에 보트흐 뉘메호 드 뗄레폰?

안녕히 계세요. (전화를 끊을 때)

Merci, au revoir.

메흐씨, 오흐부아흐

3. 전화표현

MP3 12-3

■ 네, 제이플러스입니다.

Bonjour, merci d’avoir appelé J-plus.
봉주흐, 메흐씨 다부아흐 아쁠레 쥐플리스

■ 실례지만, 누구십니까?

Puis-je demander qui est à l'appareil ?
쀠-주 드멍데 끼 에따 라빠헤유?

미스터 장 좀 부탁드립니다.

Est-ce que je peux parler à M. Jean ?
에쓰끄 주 뿨 빠흘레 아 뭐씨유 장?

■ 미스터 장은 외출 중입니다.

M. Jean est absent en ce moment.
뭐씨유 장 에땁썽 엉 쓰 모멍

잠깐 끊지 말고 기다리세요.

Attendez un moment, s’il vous plaît.
아떵데 앙 모멍, 씰 부 쁠레

잠시만요.

Juste une seconde, s’il vous plaît.
쥐스뜬 쓰공드, 씰 부 쁠레

죄송합니다. 전화 잘못 걸었습니다.

Je suis désolé, mais vous avez appelé le mauvais numéro.
주 쒸 데졸레, 메 부 자베 아쁠레 르 모베 뉘메호

☆ 전화에 관한 말

공중전화	téléphone public	뗄레폰 쀠블릭
국제 전화	appel international	아뻴 앙떼흐나씨오날
긴급 전화번호	numéro de téléphone d'urgence 뉘메호 드 뗄레폰 뒤흐정쓰	
전화번호 안내	assistance-annuaire	아씨쓰떵쓰-아뉘에흐
수화기	combiné téléphonique	꽁비네 뗄레포닉
시내 전화	appel local	아뻴 로꺌
자동 응답 전화	téléphone à messagerie automatique 뗄레폰 아 메싸쥬히 오또마띡	
잘못된 번호	mauvais numéro	모베 뉘메호
장거리 전화	appel longue distance	아뻴 롱그 디쓰떵쓰
장난 전화	canular téléphonique	꺄뉠라흐 뗄레포닉
전화 박스	cabine téléphonique	꺄빈 뗄레포닉
전화기	appareil téléphonique	아빠헤유 뗄레포닉
전화 번호부	annuaire téléphonique	아뉘에흐 뗄레포닉
전화 번호	numéro de téléphone	뉘메호 드 뗄레폰
통화 요금	tarif d'appel	따히프 다뻴
휴대 전화	téléphone mobile	뗄레폰 모빌

업무출장

4. 거래처 방문

MP3 12-4

미스터 장과 만나기로 약속했습니다만….

J'ai un rendez-vous avec M. Jean.
제 앙 헝데부 아벡 뭐씨유 장

한국에서 온 김지윤입니다.

Je suis Kim Ji-yoon de Corée.
주 쒸 김지윤 드 꼬헤

안녕하세요? 처음 뵙겠습니다.

Bonjour, contente de faire votre connaissance.
봉주흐, 꽁떵뜨 드 페흐 보트흐 꼬네썽쓰

저는 김지윤이라고 합니다.

Je m'appelle Kim Ji-yoon.
주 마뻴 김지윤.

이건 저의 조그마한 감사의 표시예요.

C'est juste un petit cadeau en guise de remerciement.
쎄 쥐쓰뜨 앙 쁘띠 꺄도 엉 기즈 드 흐메흐씨멍

항상, 감사합니다.

Je suis toujours reconnaissante.
주 쒸 뚜주흐 흐꼬네썽뜨

길은 바로 찾으셨습니까?

Vous n'avez pas eu de problème pour venir ici ?
부 나베 빠 위 드 프호블렘 뿌흐 브니흐 이씨?

약도 덕분에 잘 왔습니다.

Je me suis retrouvé grâce à la carte.
주 무 쒸 흐트후베 그하쓰 알라 꺄흐뜨

이쪽은 저희 사장님입니다.

Ici, c'est le président de notre société.
이씨, 쎄 르 프헤지덩 드 노트흐 쏘씨에떼

처음 뵙겠습니다. 늘 신세를 지고 있습니다.

Enchanté, nous apprécions votre coopération.
엉셩떼, 누 아프헤씨옹 보트흐 꼬오뻬하씨옹

저희야말로.

De même.
드 멤

앞으로도 좋은 동업자로 남길 바래요.

J'espère que nous garderons un bon partenariat.
제쓰뻬흐 끄 누 갸흐드홍 앙 봉 빠흐뜨나히야

그럼, 안녕히 계세요. (방문처를 나올 때)

Très bien, merci pour tout.
트헤 비앙, 메흐씨 뿌흐 뚜

사장님께 안부 전해 주세요.

Addressez mes salutations à M. le président.
아드헤쎄 메 쌀뤼따씨옹 아 뭐씨유 르 프헤지덩

업무출장

5. 신제품 상담

MP3 12-5

신제품을 보여 드리고 싶군요.

Je voudrais vous montrer notre dernier produit.
주 부드헤 부 몽트헤 노트흐 데흐니에 프호뒤

전에 말씀 드린 그 제품입니다.

Voici le produit que j'ai mentionné auparavant.
부아씨 르 프호뒤 끄 제 멍씨오네 오빠하벙

이 제품은 한국에서도 곧 출시됩니다.

Ce produit va être lancé en Corée également.
쓰 프호뒤 바 떼뜨흐 렁쎄 엉 꼬헤 에걀르멍

소비자의 반응이 아주 좋습니다.

La réaction des consommateurs est très bonne.
라 헤악씨옹 데 꽁쏘마뚸흐 에 트헤 본

디자인이 아주 멋지군요.

Le design est magnifique.
르 디자인 에 마늬픽

가격이 조금 비싸군요.

Le prix est un peu cher.
르 프히 에 땅 뿨 셰흐

가격은 최대한 맞춰 드리겠습니다.

Nous pouvons ajuster le prix le plus possible.
누 뿌봉 아쥐쓰떼 르 프히 르 쁠뤼쓰 뽀씨블르

6. 발주와 납품

색깔별로 우선 3000개씩 발주하겠습니다.

Je voudrais passer une commande de 3000 pièces par couleurs.
줘 부드헤 빠쎄 윈 꼬멍드 드 트화밀 삐에쓰 빠흐 꿀러흐

계약서를 가져오겠습니다.

Je vais amener le contrat.
주 베 암므네 르 꽁트하

모처럼 오셨으니까….

Comme vous êtes ici….
꼼 부 제뜨 이씨

감사합니다.

Je vous remercie.
주 부 흐메흐씨

이메일로 연락 드리겠습니다.

Je vous contacterai par e-mail.
주 부 꽁딱뜨헤 빠흐 이메일

견적서를 곧 보내드리겠습니다.

Je vous enverrai un devis.
주 부 정베헤 앙 드비

그냥 인사차 들렀습니다.

Je passe juste pour vous dire bonjour.
주 빠쓰 쥐스뜨 뿌흐 부 디흐 봉주흐

7. 도서전 참관

MP3 12-7

이 책의 판권을 사고 싶습니다.

Je voudrais acheter le droit d'auteur de ce livre.
주 부드헤 아슈떼 르 드후아 도뛰흐 드 쓰 리브흐

그 책은 이미 계약이 되었습니다.

Le droit d'auteur a déjà été acheté par quelqu'un d'autre.
르 드 후아 도뛰흐 아 데쟈 에떼 아슈떼 빠흐 껠꺙 도트흐

시리즈가 모두 몇 권짜리입니까?

Il y a combien de volumes dans la série ?
일리야 꽁비앙 드 볼륨 덩 라 쎄히?

이 책을 한국에서 출판하고 싶습니다.

Je voudrais publier ce livre en Corée.
주 부드헤 쀠블리에 쓰 리브흐 엉 꼬헤

견본을 받을 수 있습니까?

Est-ce que je peux avoir un exemplaire ?
에쓰끄 주 뿨 아부아흐 앙 엑정쁠레흐?

에이전시를 통해야 합니까?

Est-ce qu'il faut signer un contrat à travers une agence ?
에쓰낄 포 씨녜 앙 꽁트하 아 트하베흐 윈 아정스?

저희는 직접 계약하고 싶습니다.

Nous voudrions signer un contrat directement avec vous.
누 부드히옹 씨녜 앙 꽁트하 디헥뜨멍 아벡 부

이건 제 명함입니다.

Voici ma carte de visite.
부아씨 마 꺄흐뜨 드 비지뜨

자세한 것은 에이전시를 통해 연락 드리겠습니다.

Je vais vous contacter à travers l'agence concernant les détails.
주 베 부 꽁딱떼 아 트하베흐 라졍스 꽁쎄흐넝 레 데따유

꼭 계약이 성사되기를 바랍니다.

J'espère que le contrat sera réussi.
제쓰뻬흐 끄 르 꽁트하 쓰하 헤위씨

이 책을 이대로 수입해서 팔고 싶습니다.

Je voudrais importer directement ces livres pour les vendre dans mon pays.
주 부드헤 앙뽀흐떼 디헥뜨멍 쎄 리브흐 뿌흐 레 벙드흐 덩 몽 뻬이

귀사 도서에 관심이 있습니다.

Je suis intéressé par les livres publiés par votre entreprise.
주 쒸 앙떼헤쎄 빠흐 레 리브흐 쀠블리에 빠흐 보트흐 엉트흐프히즈

주로 아동물을 내고 있습니다.

Nous publions principalement les livres pour enfants.
누 쀠블리옹 프항씨빨르멍 레 리브흐 뿌흐 엉펑

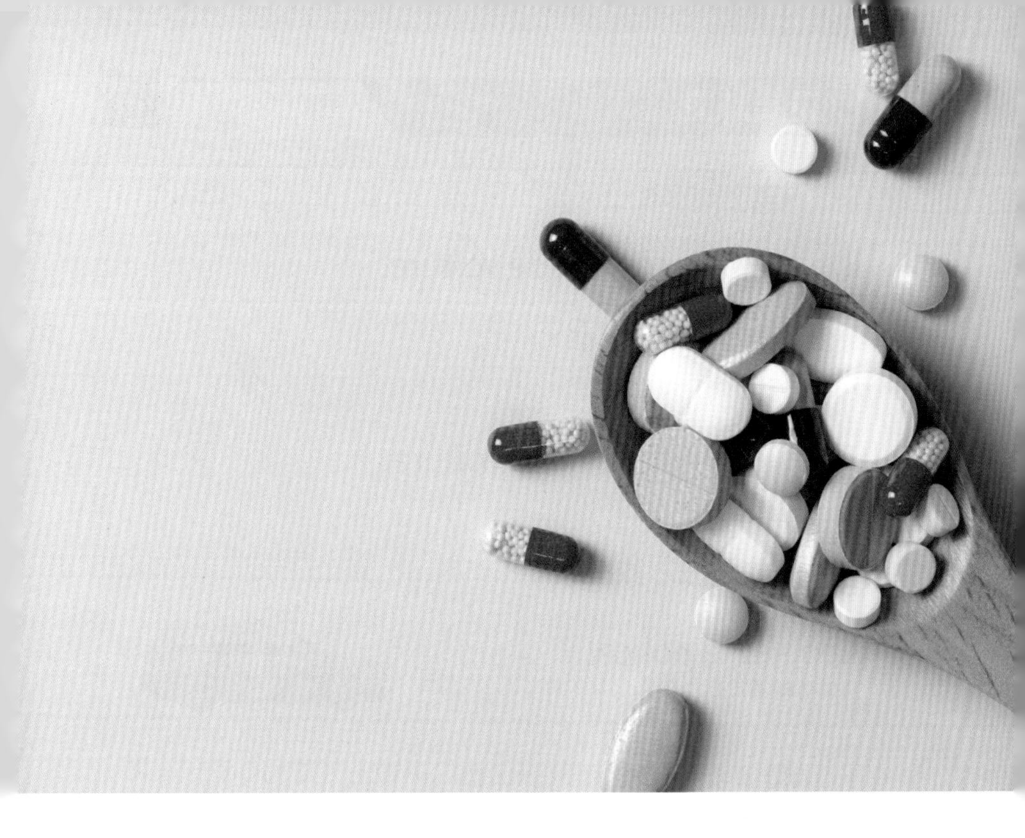

13

트러블

외국에서 일어나지 않기를 희망하는 트러블 상황입니다.
부득불 맞닥뜨린 여러 상황에서 필요한 말을 담았습니다.

1. 교통사고

MP3 13-1

교통 사고가 났어요.

Il y a eu un accident de voiture.
일리야 위 앙 낙씨덩 드 부아뛰흐

차에 부딪혔어요.

J'ai été heurté par une voiture.
제 에떼 어흐떼 빠흐 윈 부아뛰흐

경찰을 불러 주세요.

Appelez la police.
아쁠레 라 뽈리쓰

구급차를 불러 주세요.

Appelez l'ambulance.
아쁠레 렁뷜렁쓰

증거용 사진을 찍어 두겠습니다.

Je vais prendre des photos comme preuve.
주 베 프헝드흐 데 포또 꼼므 프허브

저는 위반하지 않았습니다.

Je n'ai violé aucune loi.
주 네 비올레 오뀐 루아

피해자는 저라구요.

Je suis la victime.
주 쒸 라 빅띰

☆ 자동차 사고 관련용어

가해자	responsable de l'accident	헤쓰뽕싸블르 드 락씨덩
견인차	dépanneuse	데빠눠즈
교통사고	accident de voiture	악씨덩 드 부아뛰흐
목격자	témoin	떼모앙
뺑소니	délit de fuite	델리 드 퓌뜨
속도 위반	excès de vitesse	엑쎄 드 비떼쓰
신호 위반	non-respect du feu rouge	농헤쓰뻬 뒤 풔 후즈
안전거리 미확보	non-respect des distances de sécurité 농헤쓰뻬 데 디쓰떵쓰 드 쎄뀌히떼	
음주 운전	conduite en état d'ivresse	꽁뒤뜨 엉네따 디브헤쓰
주정차 위반	infraction de stationnement 앙프학씨옹 드 쓰따씨온느멍	
주차 딱지	contravention	꽁트하벙씨옹
피해자	victime	빅띰
보험 처리	règlement d'assurance	헤글르멍 아쒸헝쓰
합의	règlement à l'amiable	헤글르멍 아 라이아블르

Tip 교통사고가 났을 때

아무리 경미한 접촉 사고라도 경찰이 와서 보고서를 작성할 때까지 현장에서 기다려야 한다. 보험료를 신청할 계획이 없더라도 보고서를 반드시 기재해 두어야 뒤탈을 막을 수 있다. 상대방 운전자와 이름, 전화번호를 교환하고, 될 수 있으면 목격자의 연락처도 알아두도록 한다. 사고가 발생하면 가능한 한 이른 시간 안에 보험회사에 연락해야 하며, 상대방 운전자의 잘못이라고 생각하면 상대방의 보험 회사에도 연락을 취해야 한다. 누구의 과실인지 확실치 않을 경우 자신의 보험 회사에 클레임을 우선으로 신청해야 한다.

2. 병 · 증상 · 치료

MP3 13-2

■ 어떻게 아프세요?

Où avez-vous mal ?
우 아베 부 말?

감기 기운이 있어요.

Je pense que je suis enrhumé.
주 뻥쓰 끄 주 쒸 엉휴메

열이 나요.

J'ai de la fièvre.
제 들라 피에브흐

기침을 해요.

Je tousse.
주 뚜쓰

목이 아파요.

J'ai mal à la gorge.
제 말 알라 고흐주

발목을 삐었어요.

Je me suis foulé la cheville.
주 머 쒸 풀레 라 슈비유

배가 아파요.

J'ai mal au ventre.
제 말 오 벙트흐

여기가 가려워요.

Cette partie-là me démange.
쎄뜨 빠흐띠-라 므 데멍주

뜨거운 물에 데였어요.

Je me suis brûlé avec de l'eau bouillante.
주 므 쒸 브휠레 아벡 들 로 부이영뜨

물집이 생겼어요.

J'ai des ampoules.
제 데 정뿔

생리중이에요.

J'ai mes règles.
제 메 헤글르

임신중이에요.

Je suis enceinte.
주 쒸 정쌍뜨

아무것도 못 먹겠어요.

Je n'arrive pas à manger.
주 나히브 빠 아 멍제

처방전을 주세요.

J'ai besoin d'une prescription.
제 브주앙 뒨 프헤스크힙씨옹

3. 병원에서

MP3 13-3

■ 보험증 있습니까?

Est-ce que vous avez votre carte d'assurance ?
에쓰끄 부 자베 보트흐 갸흐뜨 다쒸헝쓰?

외국 사람입니다.

Je suis étranger.
주 쒸 에트헝제

구급차를 불러 주세요.

Appelez l'ambulance.
아쁠레 렁뷜렁쓰

■ 수술해야 합니다.

Il faut opérer.
일 포 오뻬헤

언제 퇴원할 수 있죠?

Quand est-ce que je peux quitter l'hôpital ?
껑 떼쓰끄 주 쀼 끼떼 로삐딸?

입원 절차를 밟아 주세요.

Je voudrais être hospitalisé.
주 부드헤 에트흐 오스삐딸리제

한국어를 할 수 있는 직원 있어요?

Est-ce qu'il y a quelqu'un qui parle coréen ?
에쓰낄리야 껠깡 끼 빠흘르 꼬헤앙?

■ 상용하는 약이 있습니까?

Est-ce que vous prenez des médicaments ?
에쓰끄 부 프허네 데 메디꺄멍?

■ 평소 앓고 있는 병이 있습니까?

Est-ce que vous avez une maladie chronique ?
에쓰끄 부 자베 윈 말라디 크호니끄?

저는 알레르기 체질이에요.

Je suis allergique.
주 쒸 알레흐직끄

혈압이 높은 편이에요.

J'ai une tension plutôt élevée.
제 윈 떵씨옹 쁠뤼또 엘르베

저혈압 / 고혈압이에요.

Je fais de l'hypotension / l'hypertension.
주 페 드 리보떵씨옹 / 리뻬흐떵씨옹

빈혈이 있어요.

Je suis anémique.
주 쒸 아네미끄

관절염이 있어요.

J'ai de l'arthrite.
제 드 라흐트히트

트러블

☆ 병원 관련 용어

내과	médecine interne	메드씬 앙떼흐느
링거를 맞다	perfusion de solution de Ringer 뻬흐퓌지옹 드 쏠뤼씨옹 드 힝겨흐	
맥박을 재다	prendre le pouls	프헝드흐 르 뿌
방사선과	radiologie	하디올로지
산부인과	gynécologie et obstétrique 지네꼴로지 에 오브쓰떼뜨힉	
성형외과	chirurgie esthétique	시휘흐지 에쓰떼띡
소변 검사	analyse d'urine	아날리즈 뒤힌
소아과	pédiatrie	뻬디아트히
신경외과	neurochirurgie	눠호시휘흐지
안과	ophtalmologie	오프딸몰로지
엑스레이 촬영을 하다	faire une radiographie	페흐 윈 하디오그하피
외과	chirurgie	시휘흐지
이비인후과	otorhinolaryngologie	오또히노라랑골로지
정형외과	orthopédie	오흐또뻬디
주사	injection / piqûre	앙젝씨옹 / 삐뀌흐
진찰실	salle de consultation	쌀 드 꽁쒿따씨옹
초음파	ultrason	윌트하쏭
치과	odontologie	오동똘로지
피부과	dermatologie	데흐마똘로지
혈압을 재다	prendre la tension artérielle 프헝드흐 라 떵씨옹 아흐떼히엘	

☆ 증상과 처방

고혈압	hypertension	이뻬흐떵씨옹
골절	fracture	프학뛰흐
관절염	arthrites	아흐뜨히뜨
류마티스	rhumatisme	휘마띠슴
설사	diarrhée	디아헤
식중독	intoxication alimentaire	앙똑씨꺄씨옹 알리멍떼흐
신경통	névralgie	네브할지
심폐 소생술	réanimation cardio-pulmonaire 헤아니마씨옹 꺄흐디오-뿔모네흐	
쇼크	choc	쑉
영양 부족	malnutrition	말뉘트히씨옹
외상	traumatisme	트호마띠슴
인공 호흡	respiration artificielle	헤쓰삐하씨옹 아흐띠피씨엘
임신 중	enceinte	엉쌍뜨
저혈압	hypotension	이뽀떵씨옹
질식	étouffement	에뚜프멍
타박상	contusion	꽁뛰지옹
폐렴	pneumonie	뇌모니
하혈	hémorragie vaginale	에모하지 바지날
호흡 곤란	dyspnée	디쓰쁘네

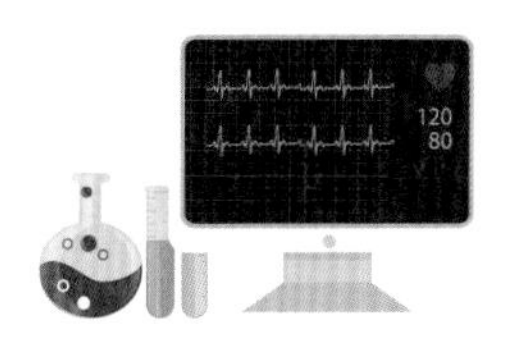

트러블

4. 분실 · 신고

MP3 13-4

지갑을 잃어버렸어요.

J'ai perdu mon porte-feuille.
제 뻬흐뒤 몽 뽀흐뜨-풔이유

가방을 도둑 맞았어요.

On m'a volé le sac.
옹 마 볼레 르 싹

지갑을 소매치기 당했어요.

On m'a volé mon porte-feuille.
옹 마 볼레 몽 뽀흐뜨-풔이유

■ 어디서 잃어버렸어요?

Où est-ce que vous l'avez perdu ?
우 에쓰끄 부 라베 뻬흐뒤?

백화점에서 / 서점에서 잃어버린 것 같아요.

Je l'ai perdu au grand magasin / à la librairie.
주 레 뻬흐뒤 오 그헝 마가장 / 알라 리브헤히

모르겠어요.

Je ne sais pas.
주 느 쎄 빠

전철에 두고 내린 것 같아요.

Je l'ai laissé dans le métro.
주 레 레쎄 덩 르 메트호

분실물 신고는 어디에 해야 하나요?

Où est-ce que je signale les objets perdus ?
우 에쓰끄 주 씨냘 레 조브제 뻬흐뒤?

가방을 잃어버렸는데 찾을 수 있을까요?

J'ai perdu mon sac. Est-ce possible de le retrouver ?
제 뻬흐뒤 몽 싹. 에쓰 뽀씨블르 들르 흐트후베?

아, 이거예요. 감사합니다.

Oui, c'est ça. Merci.
위, 쎄 싸. 메흐씨

Tip 지하철에서 물건을 잃어버렸을 때

전철에서 물건을 두고 내렸거나 분실했을 경우에는 유니폼을 착용한 전철 안내원에게 곧바로 이 사실을 알리도록 한다. 낯선 관광지에서 지갑을 소매치기 당하는 것만큼 난감한 경우가 없다. 이럴 경우를 대비해서, 비상 연락처와 비상금은 항상 두세 군데 나누어 따로 가지고 다니는 것이 안전하다. 특히 요즘 나라마다 검문검색이 강화되어 있음으로, 신분증은 반드시 복사해서 호텔에 보관해 두거나, 별도 가방에 비상용으로 소지해 다니는 것이 좋다. 카드 역시 앞뒤를 모두 복사해 지갑 외의 장소에 따로 보관한다. 비상금은 현금으로 지폐 몇 장 정도 몸에 잘 숨기고 다니는 것이 좋다.

5. 아이가 없어졌을 때

MP3 13-5

아이가 없어졌어요.

J'ai perdu mon enfant.
제 뻬흐뒤 몽 넝펑

미아 신고하려고 해요.

Je voudrais signaler la disparition de mon enfant.
주 부드헤 씨냘레 라 디쓰빠히씨옹 드 몽 넝펑.

5살 된 여자 아이예요.

C'est une fille de 5 ans.
쎄 뛴 피유 드 쌍껑

사진을 보여 드릴게요.

Je vais vous montrer une photo.
주 베 부 몽트헤 윈 포또

위에는 빨간색 티셔츠고, 밑에는 파란색 바지예요.

Elle porte un T-shirt rouge et un pantalon bleu.
엘 뽀흐뜨 앙 띠셔흐뜨 후주 에 앙 뻥따롱 블뤄

찾았어요?

Est-ce que vous l'avez retrouvé ?
에쓰끄 부 라베 흐트후베?

정말 감사합니다.

Merci beaucoup.
메흐씨 보꾸

6. 여권을 잃어버렸을 때

여권을 잃어버렸어요.

J'ai perdu mon passeport.
제 뻬흐뒤 몽 빠쓰뽀흐

한국 대사관 전화 번호가 몇 번이죠?

Quel est le numéro de l'ambassade coréenne?
껠 에 르 뉘메호 드 렁바싸드 꼬헤엔느?

신고해 주세요.

Je voudrais signaler la perte.
주 부드헤 씨냘레 라 뻬흐뜨

여권을 재발급해 주세요.

Je voudrais créer un nouveau passeport.
주 부드헤 크헤에 앙 누보 빠쓰뽀흐

얼마나 걸릴까요?

Combien de temps faut-il attendre ?
꽁비앙 드 떵 포띨 아떵드흐?

사진이 없어요.

Je n'ai pas de photo.
주 네 빠 드 포또

여권용으로 뽑아 주세요. (사진관에서)

Je voudrais prendre une photo de passeport.
주 부드헤 프헝드흐 윈 포또 드 빠쓰뽀흐

7. 길을 잃어버렸을 때

MP3 13-7

길을 잃어버렸어요.

Je suis perdu.
주 쒸 뻬흐뒤

역까지 가는 길을 좀 가르쳐 주세요.

Pouvez-vous me montrer le chemin vers la station ?
뿌베-부 므 몽트헤 르 슈망 베흐 라 쓰따씨옹?

저는 메리어트 호텔에 머물고 있어요.

Je séjourne à l'hôtel Marriott.
주 쎄주흐느 아 로뗄 마히옷뜨

메리어트 호텔까지 가 주세요. (택시를 타고)

L'hôtel Marriott, s'il vous plaît.
로뗄 마히옷뜨, 씰 부 쁠레.

파출소가 어디에요?

Où est la station de police ?
우 에 라 쓰따씨옹 드 뽈리쓰?

죄송하지만, 요금은 도착해서 드릴게요.

Je suis désolé, mais je paierai quand on arrive.
주 쒸 데졸레, 메 주 뻬유헤 껑 똥 나히브.

지갑을 소매치기 당해서 그래요.

On m'a volé le porte-feuille.
옹 마 볼레 르 뽀흐뜨-풔유

호텔까지 데려다주세요.

Emmenez-moi à l'hôtel, s'il vous plaît.
엉므네-무아 아 로뗄, 씰 부 쁠레

저기요, 여기가 어딘지 좀 가르쳐 주세요.

Excusez-moi, où est-ce qu'on est ?
엑쓰뀌제-무아, 우 에쓰꽁 네?

여기에서 백화점이 보여요. (자신의 위치를 알려줄 때)

Nous pouvons voir le grand magasin d'ici.
누 뿌봉 부아흐 르 그헝 마가장 디씨

31가 109번지라고 쓰여진 건물이 있어요.

Il y a un bâtiment avec l'adresse 109-31.
일리야 앙 바띠멍 아벡 라드헤쓰 썽눠프-트헝떼앙

여기서 우체국이 보여요.

Je vois un bureau de Poste.
주 부아 앙 뷔호 드 뽀스뜨

오셔서 저를 데려가 주실 수 있나요?

Est-ce que vous pouvez venir me chercher ?
에쓰끄 부 뿌베 브니흐 므 셰흐셰?

귀찮게 해서 죄송해요.

Je suis désolé pour le dérangement.
주 쒸 데졸레 뿌흐 르 데헝주멍

트러블

8. 긴급상황

MP3 13-8

도와 주세요.

Aidez-moi.
에데-무아

빨리요.

Vite.
비뜨

서둘러 주세요.

Dépêchez-vous.
데뻬셰-부

급해요.

C'est urgent.
쎄 위흐정

경찰을 불러 주세요. / 도와줄 사람을 불러 주세요.

Appelez la police. / Allez chercher de l'aide.
아쁠레 라 뽈리쓰 / 알레 셰흐셰 드 레드

불이야. 불이 났어요.

Au feu.
오 풔

지진입니다.

C'est un tremblement de terre.
쎄 땅 트헝블르멍 드 떼흐

사람이 다쳤어요.

Quelqu'un est blessé.
껠깡 에 블레쎄

사람이 기절했어요. / 사람이 피를 흘려요.

Quelqu'un s'est évanoui. / Quelqu'un saigne.
껠깡 셋 에바누이 / 껠깡 쎄뉴

사람이 물에 빠졌어요.

Quelqu'un se noie.
껠깡 쓰 누아

집에 도둑이 들었어요.

Il y a eu un vol.
일리야 위 앙 볼

강도예요.

C'est un cambriolage.
쎄 땅 껑브히올라주

저 사람 총을 가졌어요.

Il a une arme à feu.
일 아 윈 아흐므 아 풔

심장에 통증이 있어요.

J'ai mal au coeur.
제 말로꺼흐

9. 경찰서에서

MP3 13-9

바가지를 썼어요.

Je me suis fait escroqué.
주 므 쒸 페 에쓰크호께

사기를 당했어요.

Je me suis fait arnaqué.
주 므 쒸 페 아흐나께

저 사람이 범인이에요.

C'est lui / elle.
쎄 뤼 / 쎄 뗄

제가 봤어요.

Je l'ai vu.
주 레 뷔

이거 신세를 많이 졌습니다.

Je suis désolé de vous avoir dérangé.
주 쒸 데졸레 드 부자부아흐 데헝제

고의가 아니었습니다.

Je ne l'ai pas fait exprès.
주 느 레 빠 페 엑쓰프헤

몰랐습니다.

Je ne savais pas.
주 느 싸베 빠

10. 상대방을 위로할 때

괜찮으세요?

Ça va ?
싸 바?

도와드릴까요?

Vous avez besoin d'aide ?
부 자베 브주앙 데드?

진정하세요.

Calmez-vous.
꺌메-부

정신차리세요.

Réveillez-vous.
헤베예-부

걱정 마세요. 안심하세요.

Ne vous inquiétez pas. Rassurez-vous.
느 부 장끼에떼 빠. 하쒸헤-부

경찰에 신고했어요.

J'ai appelé la police.
제 아쁠레 라 뽈리쓰

제가 어떻게 해야 하죠?

Qu'est-ce que je dois faire ?
께쓰끄 주 두아 페흐?

14

귀국

훌륭한 여행가들이 흔히 그렇듯이,
내가 기억하는 것보다 많은 것을 보았고
내가 본 것보다 많은 것을 기억하고 있다.
-벤저민 디즈레일리

1. 비행편의 확인

MP3 14-1

여보세요, 에어프랑스죠?

Allô, est-ce que c'est Air France ?
알로, 에쓰끄 쎄 에흐 프헝쓰?

예약 확인할려구요.

Je voudrais vérifier ma réservation.
주 부드헤 베히피에 마 헤제흐바씨옹.

■ 성함과 예약 날짜를 말씀해 주세요.

Votre nom et la date de réservation, s'il vous plaît.
보트흐 농 에 라 다뜨 드 헤제흐바씨옹, 씰 부 쁠레

김지윤이고, 12월 25일 출발합니다.

Ji-yoon Kim, et j'ai fait un réservation pour le 25 décembre.
지윤 킴, 에 제 페 윈 헤제흐바씨옹 뿌흐 르 방쌍끄 데썽브흐

■ 비행편 번호는 어떻게 되시죠?

Quel est le numéro de votre vol ?
껠 에 르 뉘메호 드 보트흐 볼?

DL702편입니다.

C'est DL702.
쎄 데엘 쎄뜨썽뒤

■ 네, 확인됐습니다.

Oui, votre réservation est confirmée.
위, 보트흐 헤제흐바씨옹 에 꽁피흐메

12월 25일편을 취소하고 싶은데요.

Je voudrais annuler le vol du 25 décembre.
주 부드헤 아뉠레 르 볼 뒤 방쌍끄 데썽브흐

■ 며칠로 예약을 변경하시겠습니까?

À quelle date voulez-vous le déplacer ?
아 껠 다뜨 불레-부 르 데쁠라쎄?

12월 27일로 해 주세요.

Je voudrais le déplacer au 27 décembre.
주 부드헤 르 데쁠라쎄 오 방쎄뜨 데썽브흐

좌석이 있습니까?

Est-ce qu'il y a une place disponible ?
에쓰낄리야 윈 쁠라쓰 디쓰뽀니블르?

Tip 항공사 전화번호

대한항공	00800-0656-2001
	0800-916-000
아시아나항공	33-1-48-16-66-00 (파리 샤를드골 공항 내)
	33-1-81-80-0940 (파리 시내)
에어프랑스	(0)2 3483 1033 (한국 지점)
	3654 (프랑스)
	+33 (0)892 702 654 (해외에서 걸 경우)

2. 공항, 면세점에서

MP3 14-2

저, 에어프랑스 카운터는 어디에 있어요?

Excusez-moi, où est le comptoir Air France ?
엑쓰뀌제-무아, 우 에 르 꽁뚜아흐 에흐 프헝쓰?

탑승 게이트는 어디입니까?

Où est la porte d'embarquement ?
우 에 라 뽀흐뜨 덩바흐끄멍?

여러 가지로 신세를 많이 졌습니다. (신세진 사람에게)

Je vous remercie de votre hospitalité.
주 부 흐메흐씨 드 보트흐 오쓰삐딸리떼

정말 감사했습니다.

Je vous remercie.
주 부 흐메흐씨

여기요, 계산 부탁합니다. (면세점에서)

Je voudrais payer, s'il vous plaît.
주 부드헤 뻬예, 씰 부 쁠레

■ 여권과 탑승권을 보여 주세요.

Votre passeport et carte d'embarquement.
보트흐 빠쓰뽀흐 에 꺄흐뜨 덩바흐끄멍

앗, 늦겠다. 시간이 없어요.

Oups, je vais être en retard. Je n'ai plus de temps.
웁스, 주 베 에트흐 엉 흐따흐. 주 네 쁠뤼 드 떵

세관에 걸리지 않을까요?

Est-ce que je n’aurai pas de problème à la douane ?
에쓰끄 주 노헤 빠 드 프호블렘 알라 두안?

괜찮습니다.

Ça va. / Ça ne posera pas de problème.
싸 바 / 싸 느 뽀즈하 빠 드 프호블렘

여기요, 봉투 하나만 주세요.

Est-ce que je peux avoir un sac ?
에쓰끄 주 뿨 아부아흐 앙 싹?

영수증 주세요.

Le reçu, s’il vous plaît.
르 흐쒸, 씰 부 쁠레

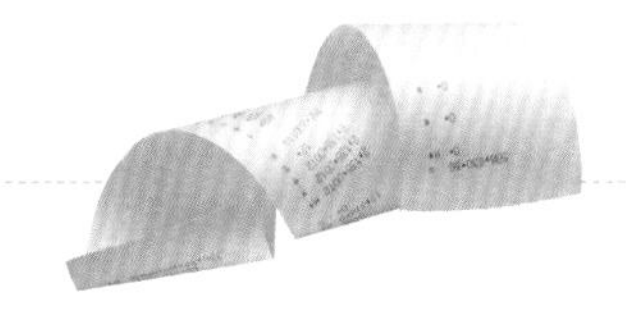

■ 계산은 어떻게 하시겠습니까?

Comment est-ce que vous payez ?
꼬멍 에쓰끄 부 뻬예?

유로로 지불할게요.

En euro.
엉 너호

미안하지만, 이거 취소해 주세요.

Je suis désolé, mais je voudrais annuler l’achat.
주 쒸 데졸레, 메 주 부드헤 아뉠레 라샤

☆ 주요연락처

프랑스 주재 한국 대사관 : +33 1 47 53 01 01

대한민국 문화원 : +33 1 47 20 84 15

파리 주재 한국 은행 : +33-1-53 67-12 00

■ 항공사 전화번호

대한항공 00800-0656-2001

0800-916-000

아시아나항공 33-1-48-16-66-00 (파리 샤를드골 공항 내)

33-1-81-80-0940 (파리 시내)

에어프랑스 (0)2 3483 1033 (한국 지점)

3654 (프랑스)

+33 (0)892 702 654 (해외에서 걸 경우)

■ 그 밖의 긴급전화

15 : 응급전화, 구급차

17 : 경찰

18 : 소방서

112 : 안전 및 구조 (유럽 전체에서 사용 가능)

부록

분야별 단어

1. 요일 · 때를 나타내는 말

1월	janvier	졍비에
2월	février	페브히에
3월	mars	마흐쓰
4월	avril	아브힐
5월	mai	메
6월	juin	주앙
7월	juillet	주이예
8월	août	우뜨
9월	septembre	쎕떵브흐
10월	octobre	옥또브흐
11월	novembre	노벙브흐
12월	décembre	데썽브흐
월요일	lundi	랑디
화요일	mardi	마흐디
수요일	mercredi	메흐크흐디
목요일	jeudi	줘디
금요일	vendredi	벙드흐디
토요일	samedi	싸므디
일요일	dimanche	디멍슈
봄	printemps	프항떵
여름	été	에떼
가을	automne	오똔
겨울	hiver	이베흐
그저께	avant-hier	아벙띠에흐

내일	demain	드망
다음 주	semaine prochaine	쓰멘 프호셴
대략	à peu près	아 뼈 프헤
때때로	parfois	빠흐푸아
매달	tous les mois	뚜 레 무아
매일	tous les jours	뚜 레 주흐
매주	toutes les semaines	뚜뜨 레 쓰멘
모레	après-demain	아프헤-드망
무슨 요일	quel jour de la semaine	껠 주흐 드 라 쓰멘
밤	nuit	뉘
어제	hier	이에흐
언제나	toujours	뚜주흐
오늘	aujourd’hui	오주흐뒤
오전	matin	마땅
오후	après-midi	아프헤-미디
이번 주	cette semaine	쎄뜨 쓰멘
일주일	une semaine	윈 쓰멘
저녁	soir	쑤아흐
종종	souvent	쑤벙
주말	weekend	위껜드
지금	maintenant	망뜨넝
지난 주	semaine dernière	쓰멘 데흐니에흐
평일	jour de la semaine	주흐 들라 쓰멘
하루 종일	toute la journée	뚜뜨 라 주흐네
깊은 밤	tard la nuit	따흐 라 뉘

2. 방향

남쪽	sud	쒸드
대각선	ligne diagonale	리뉴 디아고날
대각선 우측	ligne diagonale droite	리뉴 디아고날 드후아뜨
대각선 좌측	ligne diagonal gauche	리뉴 디아고날 고슈
동서남북	les quatre directions	레 꺄트흐 디헥씨옹
동쪽	est	에쓰뜨
뒤쪽	derrière	데히에흐
맞은편	en face	엉 파쓰
반대 방향	direction opposée	디헥씨옹 오뽀제
반대편	côté opposée	꼬떼 오뽀제
방향	direction	디헥씨옹
부근(근처)	près de	프헤 드
북쪽	nord	노흐
상하	haut et bas	오 에 바
서쪽	ouest	우에스뜨
시계 방향	dans le sens des aiguilles d'une montre	덩 르 썽쓰 데 제귀유 뒨 몽트흐
아래쪽	en bas	엉 바
앞쪽	devant	드벙
옆쪽	à côté	아 꼬떼
오른쪽	à droite	아 드후아뜨
왼쪽	à gauche	아 고슈
위쪽	en haut	엉 오
좌우	gauche et droite	고슈 에 드후아뜨

3. 국가명 · 지명

국가	nation / pays	나씨옹 / 뻬이
대만	Taïwan	따이완
도쿄	Tokyo	또꾜
독일	Allemagne	알마뉴
말레이시아	Malaisie	말레지
멕시코	Mexique	멕씨끄
미국	États-Unis	에따쥐니
베이징	Beijing/Pékin	베이징/뻬깽
벨기에	Belgique	벨쥐끄
북한	Corée du nord	꼬헤 뒤 노흐
브라질	Brésil	브헤질
상하이	Shanghaï	썅하이
서울	Séoul	쎄울
싱가포르	Singapour	쌍가뿌흐
스페인	Espagne	에쓰빠뉴
영국	Angleterre	엉글르떼흐
이태리	Italie	이딸리
일본	Japon	쟈뽕
중국	Chine	쉰
캐나다	Canada	꺄나다
태국	Thaïlande	따일렁드
프랑스	France	프헝쓰
한국	Corée du sud	꼬헤 뒤 쒸드
홍콩	Hong Kong	옹꽁

4. 자주 쓰는 동사

가다	aller	알레
거절하다	refuser	흐퓌제
걱정하다	s'inquiéter	쌍끼에떼
끝내다	finir	피니흐
놀다	jouer	주에
놀라다	surprendre	쒸흐프헝드흐
들어가다	entrer	엉트헤
들어오다	entrer	엉트헤
듣다	écouter / entendre	에꾸떼 / 엉떵드흐
들다	soulever	쑬르베
떠나다	partir	빠흐띠흐
마시다	boire	부아흐
만나다	rencontrer	헝꽁트헤
만들다	fabriquer	파브히께
말하다	parler / discuter	빠흘레 / 디쓰뀌떼
먹다	manger	멍제
묻다	demander	드멍데
믿다	croire / faire confiance	트후아흐 / 페흐 꽁피엉쓰
반대하다	ne pas être d'accord	느 빠 에트흐 다꼬흐
반복하다	répéter	헤뻬떼
받다	recevoir	흐쓰부아흐
불쌍하다	avoir pitié de	아부아흐 삐띠에 드
보내다	envoyer	엉부아예
보다	voir	부아흐

사다	acheter	아슈떼
생각하다	penser	뻥쎄
세우다	construire	꽁쓰트휘흐
시작하다	commencer	꼬멍쎄
쓰다(글)	écrire	에크히흐
앉다	s’asseoir	싸쑤아흐
알다	savoir / connaître	싸부아흐 / 꼬네트흐
알리다	annoncer	아농쎄
얻다	obtenir	옵뜨니흐
없다	il n’y a pas...	일니야 빠
오다	venir	브니흐
원하다	vouloir	불루아흐
이해하다	comprendre	꽁프헝드흐
일하다	travailler	트하바이예
읽다	lire	리흐
입다	porter	뽀흐떼
있다	il y a ...	일리야
잊어버리다	oublier	우블리에
잡다	attraper	아트하뻬
조사하다	enquêter	엉께떼
주다	donner	도네
찾다	chercher	셰흐셰
추천하다	recommander	흐꼬멍데
팔다	vendre	벙드흐
필요로 하다	avoir besoin	아부아흐 브주앙

5. 자주 쓰는 형용사

가는	mince	망쓰
가벼운	léger	레제
깨끗한	propre	프호프흐
나쁜	mauvais	모베
낮은	bas	바
넓은	large	라흐쥬
높은	haut	오
단단한	dur	뒤흐
더러운	sale	쌀
두꺼운	épais	에뻬
많은	beaucoup / nombreux	보꾸 / 농브훠
무거운	lourd	루흐
부드러운	doux	두
비싼	cher	셰흐
싼	pas cher / bon marché	빠 셰흐 / 봉 마흐셰
아름다운	beau	보
얇은	fin	팡
작은	petit	쁘띠
적은	peu de	뿨 드
좁은	étroit	에트후아
좋은	bien	비앙
큰	grand	그헝
밝은	clair / éclairé	끌레흐 / 에끌레헤
어두운	sombre	쏭브흐

6. 연결하는 말

게다가	en plus	엉 쁠뤼쓰
결국	finalement	피날멍
과연, 역시	certainement	쎄흐뗀느멍
그러니까	donc	동끄
그러면	alors	알로흐
그런데	mais	메
그렇지 않을 것 같아	je ne pense pas	주 느 벙쓰 빠
그리고	et	에
기껏해야	pas autant que	빠 오떵 끄
내 말은	je veux dire	주 붜 디흐
내가 느끼기에	je sens que	주 썽 끄
내가 보기에	je voie	주 부아
내가 생각하기에	je pense que	주 뻥쓰 끄
누가 아니래	c'est ça	쎄 싸
누가?	qui ?	끼?
무엇을?	quoi ?	꾸아?
마침내	enfin	엉팡
물론	bien sûr	비앙 쒸흐
뭐?(놀라움)	quoi ?	꾸아?
분명히	certainement	쎄흐뗀느멍
솔직히 말하자면	pour être honnête	뿌흐 에트흐 오넷뜨
실은	en fait	엉 페
아마도	probablement	프호바블르멍
아무래도	très probablement	트헤 프호바블르멍

분야별단어

아야!	aïe !	아이!
어?	euh ?	어?
어디서?	où ?	우?
어떻게?	comment ?	꼬멍?
어쨌든 간에	de toute façon	드 뚜뜨 파쏭
어쨌든	de toute façon / bref	드 뚜뜨 파쏭 / 브헤프
언제?	quand ?	껑?
왜?	pourquoi ?	뿌흐꾸아?
왜냐하면	parce que	빠흐쓰끄
우선	surtout	쒸흐뚜
적어도	au moins	오 무앙
정말?	vraiment ?	브헤멍?
즉	c'est-à-dire	쎄따디흐
하지만	mais	메

7. 프랑스의 공휴일

1월 1일	Nouvel an	르 누벨 엉
5월 1일	Fête du Travail	페뜨 뒤 트하바유
3월 22~4월 25일 사이 일요일	Dimanche de Pâques	디멍슈 드 빠끄
부활절 이후 40일	Jeudi de l'Ascension	줘디 드 라썽씨옹
7월 14일	Fête nationale française	페뜨 나씨오날 프헝쎄즈
8월 15일	Assomption	아쏭씨옹
11월 1일	Toussaint	뚜쌍
11월 11일	Armistice	아흐미쓰띠쓰
12월 25일	Noël	노엘

8. 의복

T셔츠	T-shirts	띠 셔흐뜨
레인코트	imperméable	앙페흐메아블르
머플러	écharpe	에샤흐쁘
미니스커트	mini-jupe	미니쥐쁘
바지	pantalon	뻥딸롱
반바지	shorts	쇼흐뜨
반팔셔츠	manches courtes	멍슈 꾸흐뜨
(옷을) 벗다	enlever son habit	엉르베 쏭 나비
블라우스	chemisier	슈미지에
속옷	sous-vêtement	쑤베뜨멍
수영복	maillot de bain	마이요 드 방
스웨터	pull-over	쀨 오베흐
스타킹	bas	바
와이셔츠	chemise	슈미즈
원피스	ensemble une pièce	엉썽블르 윈 삐에쓰
입다	porter	뽀흐떼
자켓	veste	베스뜨
작업복	tenue de travail	뜨뉘 드 트하바유
조끼	gilet	질레
청바지	jeans	진쓰
치마	jupe	쥐쁘
코트	manteau	멍또
한복	tenue traditionnelle coréenne	뜨뉘 트하디씨오넬 꼬헤엔느
모자	chapeau	샤뽀

9. 가전제품

CD 플레이어	lecteur CD	렉뛰흐 쎄데
DVD 플레이어	lecteur DVD	렉뛰흐 데베데
MP3 플레이어	lecteur MP3	렉뛰흐 엠뻬트후아
건조기	séchoir	세슈아흐
공기청정기	purificateur d'air	쀠히피까떠흐 데흐
가전	appareil électroménager	아파헤유 에렉트호메나제
냉장고	réfrigérateur	헤프히제하뛰흐
다리미	fer à repasser	페흐 아 흐빠쎄
인덕션 레인지	plaque à induction	쁠라끄 아 앙뒥씨옹
디지털 카메라	caméra numérique	꺄메하 뉘메힉
라디오	radio	하디오
비디오	vidéo	비데오
선풍기	ventilateur	벙띨라뛰흐
세탁기	machine à laver	마신 아 라베
에어컨	climatiseur	끌리마띠줘흐
오디오	audio	오디오
전기믹서기	batteur électrique	밧떠흐 엘렉트힉
전기밥솥	cuiseur riz à vapeur	뀌저흐 히 아 바뿨흐
전자레인지	micro-onde	미크호-옹드
전기오븐	four électrique	푸흐 엘렉트힉
청소기	aspirateur	아스삐하테흐
텔레비전	télévision	뗄레비지옹
휴대폰	téléphone portable / mobile	뗼레폰 뽀흐따블르 / 모빌
헤어드라이어	sèche-cheveux	쎄슈-쉬뷔

10. 고기류

달걀	œuf	어프
닭고기	poulet	뿔레
돼지고기	porc	뽀흐
소시지	saucisse	쏘씨쓰
쇠고기	bœuf	붜프
송아지고기	veau	보
양고기	agneau	아뇨
햄	jambon	정봉

11. 어패류

가물치	poisson à tête de serpent	뿌아쏭 아 떼뜨 드 쎄흐뻥
가자미	sole	쏠
갈치	poisson-sabre	뿌아쏭-싸브흐
게	crabe	크하브
고등어	maquereau	마크호
굴	huitre	위트흐
김	nori	노히
넙치	flet	플레
멸치	anchois	엉슈아
미역	algue	알그
민물생선	poisson d’eau douce	뿌아쏭 도 두쓰
민물장어	anguille d’eau douce	엉귀유 도 두쓰
바다가재	homard	오마흐
바다장어	congre	꽁그흐
새우	crevette	크흐베뜨

분야별단어

송어	truite	트흐위뜨
아구	lotte	롯뜨
연어	saumon	쏘몽
오징어	calamar	꺌라마흐
잉어	carpe	꺄흐쁘
정어리	sardine	싸흐딘
조개	palourde / coquillage	빨루흐드 / 꼬끼야쥬
청어	hareng	아헝
해산물	fruits de mer	프휘 드 메흐
해삼	concombre de mer	꽁꽁브흐 드 메흐
해파리	méduse	메뒤즈
홍어	raie	헤

12. 야채

가지	aubergine	오베흐진
감자	pomme de terre / patate	뽐 드 떼흐 / 빠따뜨
고구마	patate douce	빠따뜨 두쓰
고추	piment rouge	삐멍 후즈
당근	carotte	꺄호뜨
마늘	aïl	아이
무	radis	하디
배추	chou	슈
버섯	champignon	셩피뇽
부추	ciboulette	씨불레뜨
상추	laitue	레뛰
생강	gingembre	쟝졍브흐

시금치	épinard	에삐나흐
야채	légume	레귐
양파	oignon	오뇽
오이	concombre	꽁꽁브흐
죽순	pousse de bambou	뿌쓰 드 벙부
콩	haricot	아히꼬
콩나물	pousse de soja	뿌쓰 드 쏘쟈
토마토	tomate	또마뜨
파	ciboule	씨불
피망	poivron	뿌아브홍
호박	citrouille	씨트후이
후추	poivre	뿌아브흐

13. 과일

감	kaki	까끼
귤	mandarine	멍다힌
딸기	fraise	프헤즈
레몬	citron	씨트홍
멜론	melon	믈롱
바나나	banane	바난
밤	châtaigne	샤떼뉴
배	poire	뿌아흐
복숭아	pêche	뻬슈
사과	pomme	뽐
수박	pastèque	빠스떼끄
오렌지	orange	오헝쥬

분야별단어

캔탈루프	cantaloup	껑따루/껑따루쁘
키위	kiwi	끼위
파인애플	ananas	아나나쓰/아나나
포도	raisin	헤장
체리	cerise	쓰리즈

14. 과자

과자	biscuit	비쓰뀌
사탕	bonbon	봉봉
아이스크림	glace	글라쓰

15. 음료

끓인 물	eau bouillie	오 부이
녹차	thé vert	떼 베흐
뜨거운 음료	boisson chaude	부아쏭 쇼드
레모네이드	citronnade	씨트호나드
물	eau	오
사이다	7up / sprite (브랜드명)	쎄븐업 / 쓰프하이뜨
오렌지 쥬스	jus d'orange	쥐 도헝쥬
음료수	boisson	부아쏭
진저 에일	soda au gingembre	쏘다 오 쟝졍브흐
차가운 음료	boisson froide	부아쏭 프후아드
청량 음료	boisson gazeuse	부아쏭 가줘즈
커피	café	꺄페
콜라	coca	꼬꺄
허브차	infusion	앙퓨지옹
홍차	thé	떼

16. 술

맥주	bière	비에흐
브랜디	brandy	브헝디
샴페인	champagne	셩빠뉴
생맥주	bière à la pression	비에흐 아 프헤씨옹
와인	vin	방
위스키	whisky	위스끼
칵테일	cocktail	꼭떼일
코냑	cognac	꼬냑
흑맥주	bière brune	비에흐 브휜

17. 레스토랑에서

계산	paiement	뻬멍
계산서	addition	아디씨옹
나이프	couteau	꾸또
냅킨	serviette	쎄흐비에뜨
디저트	dessert	데쎄흐
레스토랑	restaurant	헤쓰또헝
만원	plein	쁠랑
매너	étiquette	에띠께뜨
메뉴	menu	므뉘
메인요리	plat de résistance	쁠라 드 헤지쓰떵쓰
샐러드	salade	쌀라드
생선요리	plat de poisson	쁠라 드 뿌아쏭
스푼	cuillère	뀌예흐
스프	soupe	쑤쁘

애피타이저	entrée	엉트헤
예약	réservation	헤제흐바씨옹
요리사	chef / cuisinier	셰프 / 뀌지니에
웨이터	serveur	쎄흐뷔흐
웨이트리스	serveuse	쎄흐뷔즈
주문	commande	꼬멍드
카운터	comptoir	꽁뚜아흐
코스요리	menu à plusieurs plats	므뉘 아 쁠뤼지어흐 쁠라
팁	pourboire	뿌흐부아흐
포크	fourchette	푸흐셰뜨

18. 거리 · 장소

건널목	passage clouté	빠싸쥬 끌루떼
골목	ruelle	휘엘
공원	parc	빠흐끄
광장	place	쁠라쓰
교차로	intersection / croisement	엥떼흐쎅씨옹 / 크후아즈멍
교회	église	에글리즈
내리막길	descente	데썽뜨
다리	pont	뽕
미술관	musée d'art	뮈제 다흐
번화가	quartier animé	꺄흐띠에 아니메
빌딩	bâtiment	바띠멍
상가	zone commerciale	존 꼬메흐씨알
성당	cathédrale	꺄떼드할
시청	mairie	메히

아파트	appartement	아빠흐뜨멍
오르막길	montée	몽떼
육교	passerelle	빠쓰헬
인도	trottoir	트호뚜아흐
절	temple bouddhiste	떵쁠르 부디쓰뜨
주택가	quartier résidentiel	꺄흐띠에 헤지덩씨엘
지하	sous-sol	쑤쏠
탑	tour	뚜흐
하천	cours d'eau	꾸흐 도

19. 여행

가이드	guide	기드
가이드북	guide touristique	기드 뚜히쓰띠끄
관광	voyage organisé	부아야쥬 오흐가니제
관광안내소	office du tourisme	오피쓰 뒤 뚜히스므
국내 여행	tourisme national	뚜히스므 나씨오날
기념관	mémorial	메모히알
면세점	boutique duty-free	부띠끄 뒤띠-프히
역사적 건조물	monument	모뉘멍
박물관	musée	뮈제
배낭	sac à dos	싸꺄도
배낭여행	voyage avec un sac à dos	부아야쥬 아벡깡 싸꺄도
선물	cadeau	꺄도
시차	décalage horaire	데꺌라쥬 오헤흐
여비	frais	프헤
여행 가방	valise	발리즈

여행사	agence de voyage	아정쓰 드 부아야쥬
여행자	touriste	뚜히스뜨
왕복	aller-retour	알레-흐뚜흐
일정	itinéraire	이띠네헤흐
입국	arrivée	아히베
지도	carte	꺄흐뜨
출국	départ	데빠흐
해외여행	tourisme international	뚜히스므 앙떼흐나씨오날

20. 기차 · 전철

개찰구	guichet	기셰
기차	train	트항
대합실	salle d'attente	쌀 다떵뜨
막차	dernier train	데흐니에 트항
매점	kiosque	끼오쓰끄
매표소	billetterie	비예뜨히
목적지	destination	데쓰띠나씨옹
분실물센터	bureau des objets trouvés	뷔호 데 조브제 트후베
식당차	voiture-restaurant	부아뛰흐-헤쓰또헝
역	station	쓰따씨옹
완행열차	train local	트항 로꺌
왕복표	billet aller-retour	비예 알레-흐뚜흐
종착역	terminus	떼흐미뉘쓰
지하철	métro	메트호
차표	billet	비예
첫차	premier train	프흐미에 트항

출발역	station de départ	쓰따씨옹 드 데빠흐
침대차	wagon-lit	봐공-리
특급열차	train express	트항 엑쓰프헤쓰
편도	à sens unique	아 썽쓰 위니끄
플랫폼	platforme	쁠라뜨포흐므

21. 스포츠

골프	golf	골프
농구	basketball	바쓰껫볼
무승부	match nul	마츠 뉠
배구	volleyball	볼레볼
배드민턴	badminton	바드민똔
수영	natation	나따씨옹
스케이트	patinage	빠띠나쥬
스키	ski	스끼
스포츠	sports	쓰포흐
아마추어	amateur	아마뛰흐
아시안게임	Jeux Asiatiques	줘 자지아띡
야구	baseball	베즈볼
올림픽	Jeux Olympiques	줘 졸랑삑
운동하다	faire du sports	페흐 뒤 쓰뽀흐
월드컵	Coupe du monde	꾸쁘 뒤 몽드
응원하다	soutenir	쑤뜨니흐
이기다	gagner	갸녜
준결승	demi-finale	드미-피날
지다	perdre	뻬흐드르

분야별단어

축구	football	풋볼
탁구	ping-pong / tennis de table	삥뽕 / 떼니쓰 드 따블르
테니스	tennis	떼니쓰
풋볼	football américain	풋볼 아메히꺙
프로 선수	joueur professionnel	쥬어흐 프호페씨오넬

22. 영화 · 연극 · 공연

감독	réalisateur	헤알리쟈뙤흐
관중	public	쀠블릭
극장	théâtre	떼아트흐
더빙	doublage	두블라쥬
만화영화	dessin animé	데쌍 아니메
매진	épuisé	에쀠제
매표소	billetterie	비예뜨히
무대	scène	쎈
발레	ballet / danse classique	발레 / 덩쓰 끌라씩
배우(남/녀)	acteur / actrice	악뙤흐 / 악뜨히쓰
비극	tragédie	트하제디
아카데미상	Oscar	오스꺄흐
연극	théâtre	떼아트흐
연기	jeu	줘
영화관	salle de cinéma	쌀 드 씨네마
영화제	festival de cinéma	페쓰띠발 드 씨네마
주인공(남/녀)	acteur principal / actrice principale	악뙤흐 프항씨빨 / 악트히쓰 프항씨빨
제작자	producteur	프호뒥떠흐
콘서트	concert	꽁쎄흐

특수 효과	effet spécial	에페 쓰뻬씨알
할리우드	Hollywood	올리우드
흥행작	blockbuster	블록뷖쓰뛖흐
희극	comédie	꼬메디

23. 출판 관련

계약 기간	durée de contrat	뒤헤 드 꽁트하
교정	révision	헤비지옹
레이아웃	mise en page	미정 빠쥬
발행 부수	nombre d'impression	농브흐 당프헤씨옹
북커버	couverture du livre	꾸베흐뛰흐 뒤 리브흐
삽화, 일러스트	illustration	일뤼쓰트하씨옹
선불금	dépôt	데뽀
원고	script	쓰크힙뜨
인세	royalty	호얄띠
인쇄	impression	앙프헤씨옹
재판	réimpression	헤앙프헤씨옹
저자	auteur	오뛰흐
초판 발행하다	publier la première édition	쀠블리엘라 프흐미에흐 에디씨옹
출판	publication	쀠블리까씨옹
출판사	maison d'édition	메종 데디씨옹
텍스트 파일	fichier texte	피시에 떽쓰뜨
판	édition	에디씨옹
판권	droit d'auteur	드후아 도뛰흐
판권계약	contrat de droit d'auteur	꽁트하 드 드후아 도뛰흐

24. 학교

유치원	jardin d'enfant	쟈흐당 덩펑
초등학교	école primaire	에꼴 프히메흐
중학교	collège	꼴레쥬
고등학교	lycée	리쎄
종합대학	université	위니베흐씨떼
전문대학	BTS / IUT	베떼에쓰 / 이위떼
공립대학	université publique	위니베흐씨떼 쀠블릭
사립대학	université privée	위니베흐씨떼 프히베
대학원	troisième cycle universitaire	트후아지엠 씨끌르 위니베흐씨떼흐
대입고사	examen d'admission à l'université	엑자망 다드미씨옹 아 뤼니베흐씨떼
모교	alma mater	알마 마떼흐
선생님	enseignant	엉쎄녕
선택 과목	cours facultatif	꾸흐 파뀔따띠프
유학생	étudiant international	에뛰디엉 앙떼흐나씨오날
장학금	bourse	부흐쓰
전공하다	se spécialiser en	쓰 쓰뻬씨알리제 엉
졸업식	remise de diplôme	흐미즈 드 디쁠롬
필수 과목	cours obligatoire	꾸흐 오블리갸뚜아흐
학기	année d'étude	안네 데뛰드
학비	frais scolaire	프헤 쓰꼴레흐
학생	étudiant	에뛰디엉
학점	crédit	크헤디

25. 학과 · 학문

경제학	économie	에꼬노미
고고학	archéologie	아흐꼐올로지
공학	ingénierie	앙제니히
과학	science	씨엉쓰
교육학	éducation / pédagogie	에뒤꺄씨옹 / 뻬다고지
물리	physique	피직
법학	droit	드후아
사회학	science sociale	씨엉쓰 쏘씨알
생물학	biologie	비올로지
수학	mathématiques	마떼마띡
심리학	psychologie	쁘씨꼴로지
언어학	linguistique	랑귀스띡
역사학	histoire	이쓰뚜아흐
우주과학	sciences spatiales	씨엉쓰 쓰빠씨알
의학	sciences médicales	씨엉쓰 메디꺌
인류학	anthropologie	엉트호뽈로지
인문과학	sciences humaines	씨엉쓰 쥐멘
정치학	politique	뽈리띡
지리학	géographie	제오그하피
천문학	astronomie	아스트호노미
철학	philosophie	필로조피
체육	sports	스포흐
컴퓨터공학	informatique	앙포흐마띡
화학	chimie	시미

분야별단어

26. 문구

가위	ciseaux	시조
노트	cahier	꺄이에
만년필	stylo-plume	쓰띨로-쁠륌
메모지	mémo	메모
바인더	classeur	끌라쒀흐
볼펜	stylo-bille	쓰띨로-비유
사인펜	marker	마흐껴흐
색연필	crayon de couleur	크헤용 드 꿀뤄흐
샤프	porte-mine	뽀흐뜨민
샤프심	mine	민
스카치테이프	scotch	스꼿츠
스테이플러	agrafeuse	아그하풔즈
압정	punaise	쀠네즈
연필	crayon	크헤용
잉크	encre	엉크흐
자	règle	헤글르
전자계산기	calculatrice	꺌뀔라트히쓰
지우개	gomme	곰
클립	pince	빵쓰
필통	trousse	트후쓰
형광펜	fluo	플뤼오

27. 컴퓨터 · 사무기기

노트북컴퓨터	ordinateur portable	오흐디나뚸흐 뽀흐따블르
마우스	souris	쑤히

모니터	écran	에크헝
백신프로그램	logiciel antivirus	로지씨엘 엉띠비휘쓰
복사기	photocopieuse	포또꼬삐여즈
부팅하다	démarrer	데마헤
소프트웨어	logiciel	로지씨엘
스캐너	scanner	쓰꺄네흐
이메일	e-mail	이메일
인터넷	internet	앙떼흐넷
입력하다	saisir	쎄지흐
저장하다	sauvegarder	쏘브갸흐데
접속하다	se connecter	쓰 꼬넥떼
출력	résultats	헤쥘따
컴퓨터 바이러스	virus informatique	비휘쓰 앙포흐마띡
키보드	clavier	끌라비에
파일	fichier	피시에
패스워드	mot de passe	모 드 빠쓰
퍼스널 컴퓨터	PC / ordinateur	뻬쎄 / 오흐디나뚸흐
프로그램	programme	프호그함
프린터	imprimante	앙프히멍뜨
플로피디스크	disquette	디쓰껫
하드웨어	hardware / matériel informatique	아흐드웨어흐 / 마떼히엘 앙포흐마띡
홈페이지	page d’acceuil	빠쥐 다꺼유

28. 직종

간호사	infirmière	앙피흐미에흐
감독	réalisateur	헤알리자뚸흐

분야별단어

연출가	producteur	프호둑뛰흐
경찰관	policier	뽈리씨에
공무원	fonctionnaire	퐁씨오네흐
교수	professeur	프호페쒀흐
농부	agriculteur	아그히뀔뛰흐
목수	charpentier	샤흐뻥띠에
변호사	avocat	아보꺄
비행사	pilote	삘로뜨
어부	pêcheur	뻬셔흐
엔지니어	ingénieur	앙제니여흐
연기자	acteur / comédien	악뛰흐 / 꼬메디앙
요리사	chef / cuisinier	셰프 / 뀌지니에
운전사	chauffeur	쇼풔흐
음악가	musicien	뮈지씨앙
의사	docteur / médecin	독뛰흐 / 메드쌍
자영업	auto-entrepreneur	오또-엉트흐프허눠흐
작가	écrivain	에크히방
점원	employé	엉쁠롸예
정치가	homme politique	옴 뽈리띡
통번역사	traducteur	트하둑뛰흐
프로그래머	programmeur	프호그하마뛰흐
화가	peintre	빵트흐
회사원	employé de bureau	엉쁠롸예 드 뷔호

29. 직무 · 직함

간부 / 상사	patron / supérieur	빠트홍 / 쒸뻬히여흐

고문	conseiller	꽁쎄이예
과장	manager	마나줘흐
국장	directeur	디헥뙤흐
담당자	responsable / chargé de	헤쓰뽕싸블르 / 샤흐제 드
부사장	vice-président	비쓰-프헤지덩
부장	chef du département	셰프 드 데빠흐뜨멍
블루칼라	col bleu	꼴 블뤄
사원	employé	엉쁠롸예
사장	président	프헤지덩
세일즈맨	vendeur	벙둬흐
신입직원	nouveau venu	누보 붜뉘
이사	membre du conseil d'administration	멍브흐 뒤 꽁쎙 다드미니쓰트하씨옹
이사장	directeur en chef	디헥뙤흐 엉 셰프
팀장	chef d'équipe	셰프 데끼쁘
파트타임 아르바이트	travail à temps partiel	트하바유 아 떵 빠흐씨엘
화이트칼라	col blanc	꼴 블렁
회계/경리	comptable	꽁따블

30. 신문 · 방송

TV	télévision	뗄레비지옹
기사(소식)	article de journal	아흐띠끌 드 쥬흐날
기자	reporter / journaliste	흐뽀흐떼흐 / 쥬흐날리쓰뜨
기자회견	conférence de presse	꽁페헝쓰 드 프헤쓰
뉴스	journal / actualité	쥬흐날 / 악뛰알리떼
라디오	radio	하디오

분야별단어

리포터	reporter	흐뽀흐떼흐
매스컴	médias de masse	메디아 드 마쓰
방송	émission	에미씨옹
방송국	station de télévision	쓰따씨옹 드 뗄레비지옹
보도	reportage	흐뽀흐따쥬
사건	incident	앙씨덩
생방송	émission en direct	에미씨옹 엉 디헥
스캔들	scandale	쓰껑달
시청률	taux d'audience	또 도디엉쓰
신문	papier journal	빠삐에 쥬흐날
아나운서	présentateur	프헤정따뛰흐
앵커	présentateur de journal télévisé	프헤정따뛰흐 드 쥬흐날 뗄레비제
인터뷰	interview / entretien	앙떼흐뷔 / 엉트흐띠앙
잡지	magazine	마가진
중계방송	retransmission	흐트헝쓰미씨옹
채널	chaîne	셴
특파원	envoyé spécial	엉부예 쓰뻬시알
편집인	rédacteur en chef	헤닥뛰흐 엉 셰프
프로그램	programme	프호그함

31. 경제

거래	transactions commerciales	트헝작씨옹 꼬메흐씨알
견적	devis	드비
경기	économie	에꼬노미
경제원조	aide économique	에드 에꼬노믹

계약	contrat / accord	꽁트하 / 아꼬흐
공급	offre	오프흐
금융	finance	피넝쓰
기업	société / entreprise	쏘씨에떼 / 엉뜨흐프히즈
납기	livraison	리브헤종
디플레이션	déflation	데플라씨옹
무역	commerce	꼬메흐쓰
물가	prix	프히
불황	dépression	데프헤씨옹
생산	production	프호뒥씨옹
손실	perte	뻬흐뜨
수요	demande	드멍드
수입	importation	앙뽀흐따씨옹
수출	exportation	엑쓰뽁흐따씨옹
이익	profit	프호피
이자	intérêt	앙떼헤
인플레이션	inflation	앙플라씨옹
적자	déficit	데피씨
흑자	excédent	엑쎄덩

32. 신체

가슴	poitrine	뿌아트힌
관절	articulation	아흐띠뀔라씨옹
귀	oreille	오헤유
눈	oeil	어유
눈썹	sourcil	쑤흐씰

다리	jambe	정브
머리	tête	떼뜨
목	cou	꾸
무릎	genou	져누
발	pied	삐에
발목	cheville	슈비유
배	ventre	벙트흐
뼈	os	오쓰
손	main	망
손가락	doigt	두아
심장	cœur	꿔흐
어깨	épaule	에뽈
얼굴	visage	비자쥬
엉덩이	fesses	페쓰
위	estomac	에쓰또마
이	dent	덩
입	bouche	부슈
입술	lèvre	레브흐
장	intestin	앙떼쓰땅
코	nez	네
피부	peau	뽀
허리	taille	따유

33. 약

가루약	médicament en poudre	메디꺄멍 엉 뿌드흐
감기약	médicament contre le rhume	메디꺄멍 꽁트흐 르 흄

기침약	médicament contre le toux	메디꺄멍 꽁트흐 르 뚜
두통약	médicament contre le mal de tête	메디꺄멍 꽁트흐 르말 드 떼뜨
마스크	masque	마스끄
반창고	pansement	뻥쓰멍
붕대	bandage	벙다쥬
비타민	vitamine	비따민
소화제	pastille digestive	빠쓰띠유 디제쓰띠브
식전	avant le repas	아벙 르 흐빠
식후	après le repas	아프헤 르 흐빠
알약	comprimé / cachet	꽁프히메 / 꺄셰
약국	pharmacie	파흐마씨
연고	pommade	뽀마드
위장약	médicament pour l'estomac	메디꺄멍 뿌흐 레쓰또마
진통제	analgésique	아날제직
처방전	prescription	프헤쓰크힙씨옹
콘돔	préservatif	프헤제흐바띠프
피임약	contraceptive	꽁트하쎕띠브
항생제	antibiotique	엉띠비오띡
해열제	médicament contre la fièvre	메디꺄멍 꽁트흐 라 피에브흐

34. 사고

가해자	agresseur	아그헤쒀흐
강도	cambrioleur	껑브히올뤄흐
경찰	policier	뽈리씨에
교통사고	accident de voiture	악씨덩 드 부아뛰흐
다치다	blesser	블레쎄

분야별단어

33. 경제

도둑	voleur	볼뤄흐
도망가다	s'enfuir	썽퓌흐
범인	délinquant	델랑껑
범죄	crime	크힘
변태	pervers	뻬흐베흐
보험	assurance	아쒸헝쓰
분실	perte	뻬흐뜨
사고	accident	악씨덩
사기	escroquerie	에쓰크호크히
소매치기	pickpocket	삑뽀껫
속이다	tromper	트홍뻬
신고하다	signaler	씨냘레
신원	identité	이덩띠떼
안전	sécurité	쎄뀌히떼
유괴	kidnapping / enlèvement	끼드나삥 / 엉레브멍
인질	otage	오따쥬
조사하다	enquêter	엉꼐떼
증거	preuve	프훠브
증인	témoin	떼모앙
지갑	porte-monnaie	뽀흐뜨-모네
지문	empreinte digitale	엉프항뜨 디지딸
체포	arrêt	아헤
피해자	victime	빅띰
혐의	suspicion	쒸쓰삐씨옹

이룩한

프랑스어권 국가에서 14년 거주
한국외대 통번역 대학원 한불과 졸업 후
한불 프리랜서 통번역사로 활동 중

현지에서 바로 통하는
여행 프랑스어 회화

개정판2쇄 / 2024년 7월 20일

편저자 / 이룩한

발행인 / 이기선

발행처 / 제이플러스

주소 / 경기도 고양시 덕양구 향동로 217 KA1312

영업부 / 02-332-8320 편집부 / 02-3142-2520

홈페이지 / www.jplus114.com

등록번호 / 제 10-1680호

등록일자 / 1998년 12월 9일

ISBN / 979-11-5601-223-8